GOTT DAZWISCHEN

INA PRAETORIUS
GOTT DAZWISCHEN

Eine unfertige Theologie

MATTHIAS
GRÜNEWALD
VERLAG

Bibliografische Information der Deutschen Nationalbibliothek
Die Deutsche Nationalbibliothek verzeichnet diese Publikation
in der Deutschen Nationalbibliografie; detaillierte bibliografische Daten
sind im Internet über http://dnb.d-nb.de abrufbar.

 Der Matthias-Grünewald-Verlag
ist Mitglied
der Verlagsgruppe engagement

Alle Rechte vorbehalten
© 2008 Matthias-Grünewald-Verlag der Schwabenverlag AG, Ostfildern
www.gruenewaldverlag.de

Umschlaggestaltung: Finken & Bumiller, Stuttgart
Umschlagabbildung: © Maren Preuß
Gesamtherstellung: Matthias-Grünewald-Verlag, Ostfildern

ISBN 978-3-7867-2734-7

INHALT

Vorwort__9

Heute von Gott sprechen.
Eine Einleitung__13

ADVENT UND WEIHNACHT: DAS GEBORENSEIN ERINNERN

Sieh doch, eine junge Frau ist schwanger ...
Zu Jes 7,10–16 und Mt 1,20f__20

Maria und die gute Ordnung der Welt__24

Stress oder: die Fülle des Lebens__27

Das Geborensein erinnern
Für Hannah Arendt __29

Jesus schrie laut und lebte
Zu Mt 27,50 und Lk 2,7__35

FASNACHT: LACHEN UND ANDERS SEIN

Babywickelmaschinen
Oder: die Politik des Lachens__42

Vom notwendigen Ende einer Verkleidung__45

Aufhören zu lügen__50

FASTENZEIT: KLAR SEHEN UND WARTEN, WAS KOMMT

Schneeflocken und Uhrmacher
Über Freiheit__54

Unterwegs in eine wohnliche Welt
Für Immanuel Kant__59

Es ist noch nicht erschienen, was wir sein werden
Ein Brief an Papst Benedikt XVI.__62

Wie Wasser fließe die Politik
Zu Am 5,24__67

Wozu brauchen wir das alles?
Bioethik weiterdenken__71

Das postmoderne Gebet__75

ZWISCHEN TOD UND AUFERSTEHUNG

Karsamstag__80

HIMMELFAHRT UND PFINGSTEN: IRRITATIONEN

Paulus im Gespräch__88

Die Sehnsucht der anderen erkennen:
Mystik in der pluralistischen Gegenwart__92

Gottes Interesse__96

DREIEINIGKEIT: GOTT IN FÜLLE

Wirtinschaft_102

Vom Umgang mit Reichtum
Zu Gen 13,2_106

Sucht und Frömmigkeit_109

Arbeiten heißt: die Welt wohnlich gestalten_112

Tiere gehören dazu_116

Transparenz_120

Erntedank Schöpfungszeit
Zu Ps 104_124

ZEIT DER ÜBERGÄNGE

Transformation_128

Sterben in Bezogenheit_134

Eine Vertrauensaussage_137

Literatur_139

> VORWORT

Kann eine Theologie je fertig sein? Es scheint so, denn es gibt viele theologische Bücher, die mit einem Aussagesatz beginnen, mit einem Punkt enden und dazwischen alle Fragen beantworten. Auch meinem letzten Buch »Handeln aus der Fülle«[1] habe ich eine geschlossene Form gegeben. Denn manchmal ist es Zeit, Thesen zu formulieren und Ausrufezeichen zu setzen. Menschen sind darauf angewiesen, dass der Boden, auf dem sie stehen und gehen, nicht schwankt. Von Fragen und Fragmenten allein kann man nicht leben.

Aber das menschliche Zusammenleben braucht auch den Wandel. Glaubensbekenntnisse zum Beispiel, die man über Generationen unverändert wiederholt, verlieren mit der Zeit ihre Lebendigkeit. Dann hilft bruchstückhaftes Reden, vermeintliche Gewissheiten aufzulösen. Es bringt in Bewegung, was gängigerweise »Rechtgläubigkeit« heißt und manchmal fast nichts mehr bedeutet.[2] Und ansatzweise führt, was noch nicht fertig ist, schon hinein in das, was kommen soll.

Die biblische Tradition ist ein fruchtbarer Kompost. Als ein Haufen organischer Abfälle aus vielen hundert Jahren Geschichte bedarf sie, wenn gute Nahrung aus ihr wachsen soll, der kundigen Bearbeitung, gerade heute, in der Zeit des ausgehenden Patriarchats.[3] Den Glaubenssätzen, die ich im Religions- und Konfirmandenunterricht, später im Theologiestudium gelernt habe, kann ich nicht einfach vertrauen. Zwar

---

1 Ina Praetorius 2005a.
2 Andrea Günter 2000, 115–123.
3 Ich bezeichne unsere Gegenwart als »Zeit des ausgehenden Patriarchats«. Wie ich dazu komme, habe ich in meinem Buch »Handeln aus der Fülle« ausführlich erklärt: Ina Praetorius, 2005a, 11–13, 59–90.

enthalten sie viel lebendige Wahrheit, gleichzeitig aber sind sie durchzogen von fragwürdigen Ideen davon, wie die Welt beschaffen ist. Ich begegne in ihnen nicht nur überholten kosmologischen und soziologischen Modellen,[4] sondern auch immer wieder dieser seltsamen zweigeteilten Weltsicht, der zufolge es wichtige und weniger wichtige Menschen und Bereiche gibt: weibliche und männliche, schwarze und weiße, Körper und Geist, Unten und Oben, Gehorsam und Befehl, Welt und Herrgott.[5] Diese durchdringende und folgenreiche Zweiteilung des Ganzen hat sich so fest mit der biblischen Tradition verbunden, dass es oft scheint, als sei das eine nicht vom anderen zu trennen. Androzentrische[6] Symbolik und biblische Tradition sind aber nicht dasselbe. Ausgehend von dieser Überzeugung will ich in diesem Buch meine Theologie entfalten, vorerst in Fragmenten. Die Zeit, eine Dogmatik zu schreiben, die mit einem Aussagesatz beginnt, mit einem Punkt endet und dazwischen alle Fragen beantwortet, ist für mich noch nicht gekommen.

Die Texte, die ich hier versammle, stehen dennoch nicht ungeordnet nebeneinander. Die lose Ordnung, in die ich sie eingefügt habe, inspiriert sich am Kirchenjahr. Ich liebe das Kirchenjahr, denn es ist weder Dogmatik noch Erzählung, nicht Kreis, nicht Gerade. Es ist vorgegeben und wandelbar. In beruhigender Wiederkehr lässt es mich Überraschungen erleben. Es gibt mir die Freiheit zu scheitern und weiterzugehen, denn immer wieder werde ich an den wesentlichen Stationen vorbeikommen: Wenn ich es dieses Jahr noch nicht begreife, dann vielleicht nächstes Jahr.

Mit Marias Schwangerschaft und der Geburt des LEBENDIGEN beginnt der Jahreskreis. Er leitet mich durch die ausgelassen jugendliche Fasnacht, die sich allen feststehenden Wahrheitsansprüchen entzieht, in die Disziplin des Fastens. Worauf zielt der enthaltsame Vorfrühling? – Unfertig ist meine Theologie vor allem dort, wo üblicherweise die größte

---

4   Vgl. dazu z. B. John Shelby Spong 2004.
5   Dass die Theologie, jedenfalls bis nahe an die Jahrtausendwende, auf dieser Zweiteilung ruht, haben inzwischen viele, habe auch ich in meiner Dissertation nachgewiesen. Vgl. Ina Praetorius 1994.
6   Vgl. Art. »Androzentrismus« in: Elisabeth Gössmann u. a. (Hgg.) 1991 und 2002.

Gewissheit zu herrschen scheint: an Karfreitag und Ostern. Dazwischen lasse ich mich nieder, am arbeitsamen Karsamstag, bei den Hausfrauen, die mit Salböl und Schokoladehasen dem Grauen widerstehen. – Zwischen Ostern und Pfingsten wird es warm. Türen gehen auf, Zweifel darf wehen: Was ist da passiert? Schon vorbei? Oder Grund ewiger Freude? Vielsprachiges Verstehenwollen weist nicht auf einen einsamen Herrn Gott und nicht in ein unumstößliches Bekenntnis. Es mündet in sommerliche Fülle: Dreieinigkeit, bezogene Freiheit, die Welt als erstauntes Liebesspiel. Und während die Ernte eingefahren wird, die Menschen im Nebel an Gräbern weinen, rundet sich schon wieder Mariens Bauch.

Die Texte sind in unterschiedlichen Zeiten und Situationen entstanden. Alle habe ich für dieses Buch gründlich überarbeitet, einige neu geschrieben. Sie fügen sich nicht zum geschlossenen Kreis, sondern sind unterwegs und suchen Weggenossinnen und Weggenossen. Jede Leserin und jeder Leser ist frei zu entscheiden, welches Wegstück er oder sie mitgehen will. Dass alle Texte verbunden sind durch einen inneren Zusammenhang, vielleicht eine Art verborgene Dogmatik, wird allerdings nur entdecken, wer sie alle liest.

Für Begleitung auf meinem Weg danke ich meinem Freund und Ehemann Hans Jörg Fehle und meiner Tochter Pia Clara. Seit drei Jahren wohnen wir mitten in der Gemeinde Wattwil im Toggenburg, in der vieles möglich ist. Zum Beispiel hat Luise Schottroff, eine der Herausgeberinnen der »Bibel in gerechter Sprache«,[7] am 10. November 2006 hier einen Vortrag gehalten. Viele Leute kamen, um zuzuhören und mitzureden. Die »Bibel in gerechter Sprache«, für mich eines der wichtigsten theologischen Ereignisse dieser Zeit, wurde in Wattwil so aufgenommen, wie ich es mir wünsche: interessiert, kritisch, bereit zum Aufbruch in eine Zukunft, in der Bibel und Kirche denkende Menschen wieder berühren. Ich danke Luise Schottroff für ihre Bereitschaft, in die Provinz zu reisen, und ich danke den beiden Kirchgemeinden von Wattwil und der »Vortrags- und Lesegesellschaft im Toggenburg« für ihre Gastfreundschaft.

---

7 Ulrike Bail u. a. (Hgg.) 2006. Die Bibelzitate in diesem Buch sind, sofern nicht anders vermerkt, der »Bibel in gerechter Sprache« entnommen.

Auch all den anderen Menschen und Gruppen, die mit mir in Gespräche über die Welt und GOTT eingetreten sind, möchte ich danken: Antje Schrupp, der Redakteurin von »Frauen unterwegs« und »Beziehungsweise-weiterdenken«, den Redakteurinnen und Redakteuren der Kirchenboten der Kantone Aargau, Appenzell, St. Gallen und Zürich, Otto Friedrich und Doris Helmberger von der Wiener »Furche«, den Redakteurinnen und Redakteuren der Zeitschriften »Fama«, »Aufbruch«, »Neue Wege«, »Ostschweizerinnen.ch« und »Zeitschrift für Gottesdienst und Predigt«, den Veranstaltern der Vortragsreihe »Diesseits von Eden« in Aarau, Claudia Bandixen, der Herausgeberin des Buches »Wenn Frauen Kirchen leiten«, Peter Wittwer, der mich mit drei Physikern auf ein Podium setzte, Karin Klemm und Peter Zürn, die mich zum Tod befragten, dem Solidaritätsnetz Ostschweiz, der Initiative »Seitenwechsel«, Peter Haslwanter von der Diözese St. Pölten, dem Wattwiler Salon der Denkerinnen und Denker, der Philosophinnengemeinschaft »Diotima«, den Internetforen »Frauenkirche« und »Gutesleben« und vielen anderen, die in realen und virtuellen Gesprächen der Frage nach einem guten postpatriarchalen Zusammenleben auf der Spur sind: Andrea Günter, Andrea Langenbacher, Barbara Wegelin, Brigitta Ackermann, Denise Wassmann, Elisabeth Volkart, Heidi Amstutz, Heidi Hartmann, Heidi Kabangu-Stahel, Heike Walz, Ingrid Grave, Maria K. Moser, Maria Wolf, Marlise Schiltknecht, Matthias Gafner, Melissa Eberle-Schwartz, Michaela Moser, Peter Kunzmann, Reinhild Traitler, Ruth Schläpfer, Susanne Kramer, Tania Oldenhage, Thomas Gröbly, Ulrike Wagener, Ursula Knecht-Kaiser, Vera Rösch, Walter Büchi und vielen anderen.

Ina Praetorius
Wattwil, im Juni 2008

HEUTE VON GOTT SPRECHEN
Eine Einleitung

In ihrem fragmentarischen Erinnerungsbuch »Steine auf dem Küchenbord« schreibt Astrid Lindgren, die bekannte schwedische Kinderbuchautorin:

> »Nein, offen gestanden glaube ich nicht an Gott. Freilich, wenn mein Vater noch lebte, hätte ich niemals gewagt, das auszusprechen, denn er wäre sehr traurig geworden. Vielleicht ist es eine Schande, dass ich Gott leugne, weil ich ihm ja trotzdem so oft danke und zu ihm bete, wenn ich verzweifelt bin.«[1]

Astrid Lindgren bringt in wenigen Worten auf den Begriff, was viele sogenannt aufgeklärte Menschen heute erfahren:[2] Wir glauben nicht mehr an einen Herrn oben im Himmel, der die Fäden der Welt in der Hand hält. Dennoch hören wir nicht auf zu beten.

Weil Gottvertrauen durch Menschen, oft durch Eltern, die Älteren, vermittelt wird, lässt es sich schwer von solchen Beziehungen trennen. Astrid Lindgren gerät in einen Konflikt, weil sie nicht mehr glauben kann, was ihr Vater noch glaubte. Zwar kann sie noch tun, was ihr Vater tat: sich verzweifelt oder dankbar an ein unsichtbares Gegenüber wenden. Aber das Gegenüber lässt sich nicht mehr fassen in der traditionellen Sprache von einem »Gott, an den man glaubt«.

---

1   Astrid Lindgren 2000, 81.
2   So hat Max Horkheimer einmal über die gesamte kritische Theorie gesagt: »Sie weiß, dass es keinen Gott gibt, und doch glaubt sie an ihn.« (Zitiert nach: Jürgen Habermas 2001, 51.)

Lässt GOTT sich neu verstehen, wenn ich nicht ein bestimmtes überliefertes Gottesbild, sondern die bleibende Fähigkeit zu vertrauen als Ausgangspunkt für mein Nachdenken setze? Worauf vertrauen Menschen, die nicht mehr »an Gott glauben« und dennoch beten? Ein Psychologe würde vielleicht sagen, dass die Tochter ihre kindlich vertrauensvollen Gespräche mit dem realen Vater, der nicht mehr da ist, umgeformt hat in Gespräche mit einem unsichtbaren Anderen. Vielleicht verhält es sich so. Ist Gottvertrauen vielleicht erweitertes Welt- und Menschenvertrauen? Oder Vertrauen in einen SINN DES GANZEN? In das, was lebt und webt zwischen den Milliarden Würdeträgerinnen und Würdeträgern, die seit Jahrtausenden in immer neuen Generationen die eine Erde bewohnen?

Ich bin Theologin. Theologie heißt, wörtlich aus dem Altgriechischen übersetzt: Rede von GOTT. Wenn Astrid Lindgren hier, wie ich vermute, eine Erfahrung in Worte fasst, die viele Menschen in der Zeit des ausgehenden Patriarchats machen, dann bedeutet Theologie heute: von dem Wunsch und der Fähigkeit sprechen, die eigene Existenz auch diesseits traditioneller Glaubensweisen als aufgehoben in wohlwollender Bezogenheit zu erfahren. Sich einer ANDEREN anzuvertrauen und dabei konkrete menschliche Beziehungen zu überschreiten, scheint etwas zu sein, das bleibt. Meine theologische Aufgabe sehe ich darin, Sprache zu finden für das, was in dieser Erfahrung des sich transformierenden ANDEREN mit dem Wort »Gott« gemeint sein könnte, das vorerst bei uns bleiben zu wollen scheint.

Ich kann und will nicht zurück in eine Vorstellungswelt, in der Gott als objektive Tatsache galt. Denkern wie Immanuel Kant oder Ludwig Feuerbach bin ich dankbar, dass sie uns die Grenzen unserer Erkenntnisfähigkeit vor Augen geführt haben. Ich bin auch der Wissenschaft insgesamt dankbar, dass sie die Sphäre des menschlich Erfahr- und Erkennbaren deutlich unterschieden hat vom Bereich des GÖTTLICHEN. Ich selbst habe als Wissenschaftlerin und als Feministische Theologin einiges dazu beigetragen und trage weiterhin dazu bei, dass allzu deutliche Vorstellungen davon, wie es im Himmel aussieht, sich auflösen.[3]

---

3   Vgl. Ina Praetorius 1994 und 1995.

Aber ich bleibe Theologin, weil mich interessiert, was nach den alten Gewissheiten kommt: In welches Neue wandelt sich die Weisheit unserer Vorfahrinnen und Vorfahren?

Einmal habe ich geschrieben:

»Gott ist die andere Seite meines Nichtwissens, die erscheint, wenn ich mich entscheide, mein Dasein als sinnvolles Mitsein im Bezugsgewebe Welt anzuerkennen.«[4]

Gottvertrauen entsteht in einem Akt der Zustimmung. Niemand, keine Kirche und keine Dogmatik, auch keine Wissenschaft können mich zwingen, mein Dasein als sinnvoll zu empfinden. Es kann geschehen, dass ich, wie Hiob am Anfang seines Leidensweges, den Tag meiner Geburt verfluche (Hi 3, vgl. auch: Jer 19,14–18).[5] Ich weiß auch, dass Menschen imstande sind, sich selbst zu töten oder ihre Existenz widerwillig, zynisch, als sinnlose Bürde auf sich zu nehmen.

Aber wider alle Anfechtung – so nannte man es früher – ist auch der Weg des Einverständnisses möglich. Wer aufmerksam durch die Welt geht, findet Wegzehrung: Astrid Lindgren scheint die betende Lebenseinstellung von ihrem gläubigen Vater gelernt zu haben. Und jedes Jahr schlagen die Bäume wieder aus, trotz Klimawandel, trotz Krieg. Auch die Tradition ist Nahrung, für mich vor allem mein biblisches Herkommen, das mich lehrt, dass GOTT DIE LIEBE (1 Joh 4,8) und das immerwährende DASEIN (Ex 3,14) ist. Wie Briefe, in denen meine Vorfahrinnen und Vorfahren mir etwas Wichtiges mitteilen, lese ich die Tradition. Sie sagt mir, dass dieses unüberschaubare Gewirr, das wir »Leben« oder »Welt« nennen, trotz allem aufgehoben ist in ZUWENDUNG. Diese Tradition will ich weiterschreiben.

Nicht nur Astrid Lindgren, viele andere moderne und postmoderne Menschen sind mir vorausgegangen. Auch dieses Gedicht von Marie Luise Kaschnitz lese ich wie einen Brief:

---

4   Ina Praetorius 2005a, 121.
5   Vgl. auch: Ludger Lütkehaus 2006, 66–79.

Ich finde doch, daß ziemlich viel Mut in der Welt ist,
Wenn man die Tage bedenkt, an denen es gar nicht recht hell wird.
Und die Jahre ganz ohne Hoffnung.
Wenn man bedenkt,
Daß es gar niemanden gibt, der nicht seine Sorgen hätte,
Zumindest diese: Kind, was wird dir geschehen?
Und wir wissen doch alle, wie sehr wir misstrauen
Dem Dach über unserem Kopf und der Erde zu unseren Füßen,
Und daß keiner mehr sagen mag:
Rose, Schwester und Bruder Tod und Heimat Ewigkeit.
Und dennoch habe ich heute gesehen,
wie einer die Buche pflanzte, den dürren Stecken,
und sah zu ihr auf,
als wölbte sich schon über seinem Haupte die Krone.
Den ganzen Tag habe ich Lastwagen fahren sehen
Voll Bretter und Schwellen, voll Balken und roter Ziegel.
Ich sah mein Gesicht im Spiegel
Als ich fortging, dir zu begegnen.
Wie war es voll Freude.[6]

Dass Menschen so gotthaltig von der Welt sprechen, auch ohne DEN NA-MEN zu nennen, ist zwar kein Gottesbeweis, aber eine Ermutigung, am EWIGEN festzuhalten und den Nachkommen davon zu erzählen. Marie Luise Kaschnitz hat wohl nicht aus Zufall Gedichte und Astrid Lindgren hat nicht aus Zufall Kinderbücher geschrieben. Von den menschlichen Neulingen und von denen, die das Schöne hüten, kann man nämlich lernen, sich in den SINN DES DASEINS tätig und täglich einzuüben. Und man kann von ihnen lernen, dass es gut ist, Vertrauen nicht achtlos zu erschüttern, sondern es sorgfältig zu behandeln, es immer neu zu gründen und in LIEBE weiterzugeben. Es könnte sein, dass wir in Zukunft nicht mehr unterscheiden werden zwischen denen, die noch an Gott glauben, und denen, die nicht mehr an Ihn glauben. Sinnvoller könnte eine andere Unterscheidung werden, nämlich die zwischen

---

6   Marie Luise Kaschnitz 2002, 158.

Menschen, die sich nicht mehr überraschen lassen, und anderen, die täglich auf Wunder warten.[7]

Nein, offen gestanden glaube auch ich nicht an den Gott, den mir die Väter überliefert haben. Aber wenn ich Kinder oder alte Frauen beten sehe, wenn ich in der Seniorenresidenz meiner einundneunzigjährigen Mutter Luthers Abendsegen vorlese, dann wird der alte Gott transparent auf das GUTE, das im »Bezugsgewebe menschlicher Angelegenheiten«[8] lebt und webt und immer neue Fäden spinnt, hin zu den Anderen, den Älteren und den Jüngeren. Vielleicht auch bald hin zu denen, die uns westliche Christinnen und Christen zu Recht »die Ungläubigen« nennen, weil wir es verlernt haben, öffentlich von GOTT zu sprechen: vom SINN dieser einzigen schönen und verletzlichen Welt, in der sechseinhalb Milliarden Menschen in immer neuen Generationen zusammen mit unzähligen anderen Lebewesen gut leben wollen.

---

7   Vgl. dazu Ina Praetorius 2004.
8   Hannah Arendt 1981, 171 und passim.

ADVENT UND WEIHNACHT: DAS GEBORENSEIN ERINNERN

SIEH DOCH, EINE JUNGE FRAU IST SCHWANGER ...
Zu Jes 7,10-16 und Mt 1,20f

Nichts kann den Anfang von etwas ganz Neuem so gut ausdrücken wie die Metapher von Schwangerschaft und Geburt. Das weiß Jesaja, der Prophet, wenn er dem König von Juda das Schicksal ankündigt, das ihn ereilen wird, falls er sich selbst mehr als dem LEBENDIGEN vertraut:

> *Sieh doch, eine junge Frau ist schwanger, sie wird ein Kind gebären und es »Gott-ist-mit-uns« nennen ... Aber noch bevor das Kind versteht, das Schlechte abzulehnen und das Gute zu wählen ...* (Jes 7,14f)[1]

... wird Neues kommen: Heil oder dann eben Unheil. Matthäus, der Evangelist, knüpft ans Prophetenwort an. Er erzählt von einem Engel, der dem Verlobten der schwangeren Maria im Traum erscheint. Dieser Traumengel weist Josef auf die Bedeutung des erwarteten Kindes hin:

> *Deine Frau ... wird einen Sohn gebären ... er wird sein Volk ... retten ...*
> (Mt 1,20f)

Heute und hierzulande sind vor Geburten meist keine Propheten und Engel zur Stelle, die voraussagen würden, worin das Neue gerade dieses Neugeborenen besteht. Das ist gut so, denn die Last wäre groß. Wer aber schon einmal selbst ein Kind geboren hat oder bei einer Geburt dabei war, versteht, weshalb Geburten zum Bilderschatz der Prophetie gehören: Schon die Schwangerschaft und dann der erste Blick in die Augen

---

1 Hebräisch heißt Gott-ist-mit-uns: Immanuel.

des Neuankömmlings lassen Zukunft in die Gegenwart eintreten. Denn dieser Mensch, wie jeder Einzelne vor ihm, ist einmalig und wird leben wie kein anderer zuvor. Mit jeder menschlichen Anfängerin kommen ungeahnte Möglichkeiten in die Welt. Bevor der Neuling aus dem Körper der Mutter herausgekommen ist, kann niemand wissen, wie er oder sie aussehen wird. Aber dann, wenn der Schmerz überstanden, das Blut abgewischt ist, bricht das Erstaunen aus: So siehst du also aus, mein Kind. So schaust du mich an, nachdem ich dich neun Monate lang immer besser gespürt, aber nie von Angesicht zu Angesicht gesehen habe. Was wird aus dir werden?[2]

Das Weihnachtsfest setzt die Tradition fort, eine Geburt als hoffnungsvollen Einbruch der Zukunft in die Gegenwart zu feiern. Auch unsere eigenen Geburtstage feiern wir, weil sie uns daran erinnern, dass jede und jeder von uns einmalig ist: von genau dieser Mutter an genau diesem Tag geboren, fähig, auf unverwechselbare Weise weltfreundlich zu leben. Weihnachten ist ein besonderer Geburtstag, denn nach der christlichen Überlieferung ist an diesem Tag GOTT geboren worden. Was soll das aber heißen: Gott ist geboren?

Die meisten Leute, mit denen Jesus von Nazaret zusammen lebte, waren Jüdinnen und Juden.[3] Nicht erst zu der Zeit, die heute »die Zeitenwende« heißt, warteten Jüdinnen und Juden auf die Geburt des Messias, also auf einen Menschen, der eine so enge Beziehung zum LEBENDIGEN haben würde, dass er sozusagen göttliche GEISTKRAFT in der Welt verkörperte. Kind des EWIGEN würde man einen solchen Neuankömmling nennen, denn er wäre mit GOTT so eng verbunden wie ein kleines Kind mit seiner Mutter. Und er würde verwirklichen, wonach schon Jesaja sich gesehnt hatte: ein Friedensreich auf Erden.
Einige der Zeitgenossinnen und Zeitgenossen Jesu hielten ihn für den Messias, obwohl er in vielem nicht den Erwartungen entsprach: Er befreite zwar etliche Leute von ihren Krankheiten und sah GOTTES Haus-

---

2 Die sorgenvolle Version dieser menschlichen Grundfrage steht in Marie-Luise Kaschnitzs Gedicht (zitiert in diesem Band S. 16): »Wenn man bedenkt, dass es gar niemanden gibt, der nicht seine Sorgen hätte, zumindest diese: Kind, was wird dir geschehen?«
3 Vgl. zu den folgenden Abschnitten: Dorothee Sölle, Luise Schottroff 2000.

halt⁴ kommen, aber er legte die anfängliche Weisung, die Tora, zuweilen recht eigensinnig aus, und vor allem: Statt die Römer aus Palästina zu vertreiben, wurde er von ihnen gekreuzigt. Trotzdem oder gerade weil er nicht herrschte, sahen viele in ihm den erwarteten König.

Jesus ein »Kind Gottes« zu nennen, war mit der jüdischen Tradition vereinbar. Denn Kind GOTTES zu sein hieß, in sehr enger Beziehung zum GUTEN (Mk 10,18) zu stehen. Einen Menschen aber selbst zum GOTT zu erklären, wäre einer frommen Jüdin kaum in den Sinn gekommen. Erst später, als auch Menschen auf Jesus aufmerksam wurden, die in hellenistischen und römischen Philosophien und Religionen zu Hause waren, kam man auf die Idee, ihm selbst »göttliche Natur« zuzusprechen. Im fünften Jahrhundert nach Jesu Geburt schließlich, als sich schon kirchliche Hierarchien ausgebildet hatten, legte ein Konzil nach langwierigen Streitigkeiten fest, Jesus Christus sei GOTT und Mensch in einer Person, GOTT sei also als Mensch geboren. Hinter dieser Entscheidung stehen gewiss Machtkämpfe, die mit dem lebendigen Jesus von Nazaret nicht mehr viel zu tun hatten. Allerdings sehe ich in den komplizierten christologischen Debatten der alten Kirche mehr als patriarchale Vereinnahmungen des Lebens Jesu. Denn in dem Dogma, Jesus habe Göttliches und Menschliches in seiner Person vereint, spricht sich der Wunsch vieler wirklicher Menschen aus, ihr Dasein in kosmischer Personalität zu bergen.⁵

Mir aber ist die Art der Sinnbezogenheit, wie sie sich in den frühen Deutungen der Person Jesu zeigt, vorerst verständlicher als die späteren »Zweinaturenlehren«. Ich finde es befreiend, mich von den jahrhundertelang umkämpften, unendlich verwickelten Fragen nach dem Wesen und den Eigenschaften Jesu Christi, dessen Männlichkeit, Herrlichkeit und Herrschaft allmählich immer wichtiger wurden, zu verabschieden.⁶ Ich möchte eine Sprache finden, die sich den Erfahrungen der Freundinnen und Freunde Jesu annähert. Dass Jesus die Bezogenheit auf den SINN DES GANZEN in immer wieder überraschender Weise ins

---

[4] Vgl. Ina Praetorius 2002, 13–20.
[5] Vgl. dazu Doris Strahm, Regula Strobel (Hgg.) 1991, 11–36.
[6] Vgl. dazu in diesem Band: Es ist noch nicht erschienen, was wir sein werden, S. 62.

Leben brachte, haben sie erfahren. Deshalb sagten sie, er sei ein Kind GOTTES. Und deshalb war für sie, was er verkörpert hatte, ewig: schon vor seiner Geburt vorgezeichnet und nach seinem Tod nicht einfach verschwunden.

Feiern wir, so gesehen, an Weihnachten tatsächlich die Geburt des LEBENDIGEN GUTEN mitten im menschlichen Zusammenleben?

Die Frage ist noch nicht zu Ende gedacht, aber der Gedanke, dass GOTT geboren ist, wie ich und wie alle Menschen, als Neuling immer wieder mitten hinein ins Dasein, angewiesen auf unsere Fürsorge und Begleitung, gefällt mir.

> MARIA UND DIE GUTE ORDNUNG
  DER WELT

Nur eine einfache Frau aus dem Volk sei Maria gewesen, sagen moderne Protestanten. Damit ist vor allem eins klargestellt: Katholisch ist man nicht. Dass Katholikinnen und Katholiken zu Maria als Mutter Gottes beten, hat der Protestant als unbiblischen Aberglauben entlarvt. Martin Luther, allerdings, scheint noch anderer Meinung gewesen zu sein. Sein Marienlob aus dem Jahr 1532 hört sich enthusiastisch an:

> »Es wäre billig gewesen, dass man ihr einen goldenen Wagen bestellt, sie mit 4000 Pferden geholt, wohlgerüstet und gesungen hätte: Hier fährt die Frau über allen Frauen des menschlichen Geschlechts. Es sollten billig alle Berge gehüpft und getanzt haben.«[1]

Wichtig war allerdings schon dem wortreichen Reformator, dass Maria, anders als ihr ältester Sohn, eindeutig dem »menschlichen Geschlecht« angehört. Immer wieder glaubten rechtschaffene Theologen der Tendenz entgegentreten zu müssen, Maria zur Göttin zu erheben. – Hat aber die sogenannte Volksfrömmigkeit so Unrecht, wenn sie sich die mütterliche Gottheit nicht einfach austreiben lässt?

Der Wunsch nach himmlischer Mütterlichkeit lässt sich nicht ohne Weiteres aus der Welt schaffen.[2] Auch die moderne historische Kritik wird die zweitausendjährige Debatte um die Bedeutung Marias nicht abschließen. Denn Tatsache ist zwar, dass laut dem Zeugnis der Evangelien Maria eine einfache Frau war – eine Frau allerdings, die, trotz Schwangerschaft,

---

1   Zitiert nach: Hanna-Barbara Gerl 1989, 122.
2   Vgl. dazu: Othmar Keel 2007a und b.

zielstrebig übers Land wanderte (Lk 1,39) und wusste, dass GOTT Mächtige vom Thron stößt (Lk 1,52). Zu vermuten ist aber auch, dass es das Christentum heute nicht mehr gäbe, hätte die Kirche nicht im Jahr 431 auf dem Konzil von Ephesus Maria zur »Gottesgebärerin« erklärt und damit dem mutterliebenden Rumoren in den jungen Gemeinden einen dogmatischen Deckel in Form eines Zugeständnisses aufgesetzt. Eine Religion, die keinen Platz für die Ehrung der Mütter lässt, ist nämlich nicht mehrheitsfähig. Deshalb hat sich in der Kirche der Kult um die Gottesmutter, den etliche Forscherinnen und Forscher wohl nicht zu Unrecht als gezähmtes Weiterleben altorientalischer Göttinnenkulte deuten, immer wieder zielstrebig durchgesetzt. Vielleicht ist die Verbannung der Marienverehrung auch der eigentliche Grund dafür, dass der Protestantismus, aller vernünftigen Theologie und Freiheit zum Trotz, mit einem notorischen Popularitätsdefizit zu kämpfen hat?

Wenn auch protestantische Frauen und Männer heute wieder über eine Maria nachdenken, die mehr ist als die historische »einfache Frau«, dann geht es aber um mehr als die Popularität der evangelischen Kirchen. Da scheint eine uralte Suche noch einmal von vorne zu beginnen: die Suche nach einer angemessenen Symbolik und der entsprechenden Lebenspraxis, in der Geburt, Leben, Tod, Göttlichkeit und Menschlichkeit, Geist und Materie (von griech./lat. *mater*, Mutter) ins richtige Verhältnis zueinander gerückt sind.

Nicht nur die moderne Naturwissenschaft sagt nämlich, dass vermutlich nicht ein souveräner Schöpfergott die Welt und uns Menschen fabriziert hat. Auch unsere unmittelbare Erfahrung will zunächst einmal in angemessenen Worten bestätigt haben, dass alle Menschen bis heute nicht von GOTT, sondern von Müttern in die Welt gesetzt wurden. Ob jenseits der langen Reihe von Müttern und Vormüttern noch etwas Anderes, Umfassendes lebt, dem wir auf geheimnisvolle Weise die Welt als Ganze verdanken und das wir vielleicht GOTT nennen könnten, ist danach auch eine interessante Frage. Der Wunsch aber, erst einmal das, was wir sehen können, gut zu benennen und zu würdigen, statt uns, über unser wirkliches Herkommen hinweg, in fiktive Welten entführen zu lassen, die nur dem sogenannten Glauben zugänglich sind, dieser Wunsch lässt sich nicht auf Dauer verdrängen. Die frommen Mexikanerinnen und Mexikaner zum

Beispiel sind keineswegs unvernünftig, wenn sie, aller kirchlichen Lehre zum Trotz, die Heilige Jungfrau von Guadelupe für mindestens so wichtig halten wie deren Sohn. Sie bestehen einfach darauf, dass es ohne Mütter keine Söhne gibt, weder menschliche noch göttliche. Und dass deshalb dem Mütterlichen ein Platz im symbolischen Universum gehört.

Die Geschichte der Marienverehrung lässt sich interpretieren als eine jahrhundertelange Gratwanderung zwischen patriarchaler Besitzstandswahrung und Zugeständnissen an ein Kirchenvolk, das nicht auf die Muttergöttin verzichten will und das dagegen protestiert, Mütterlichkeit zur »bloßen Materie« zu degradieren. Dass dabei die offizielle Kirche den Gläubigen eine Fälschung alter Göttinnenkulte zur Verehrung vorsetzt, mag auf der Ebene wortwörtlich verstandener Dogmatik stimmen, ist aber nur ein Teil der Wahrheit. Denn dass die wirklichen Leute folgsam glauben, was der Papst ihnen vorschreibt, ist durchaus unwahrscheinlich. Die Entwicklungen der vergangenen Jahre und Jahrzehnte lassen eher darauf schließen, dass sich unter dem Schutzmantel der Madonna über die Jahrhunderte viel ungebrochen vitale Freiheit erhalten hat.

Ob in einer postpatriarchalen Ordnung Platz für eine weitergedachte Marienverehrung sein wird, ist fraglich. Viele Frauen wünschen sich etwas anderes. So schreibt zum Beispiel die katholische Alttestamentlerin Helen Schüngel-Straumann, es müssten »neue Wege gefunden werden, um die einseitige Männlichkeit der theologischen Symbolik abzubauen und dem Weiblichen den ihm gebührenden Ort im theologischen Symbolsystem zurückzugeben.« Denn die Wiederkehr der alten Göttinnen werde »nur immer wieder zu ähnlichen ... Aporien führen.« Deshalb müsse »es im Gottesbild selbst zu einer ganzheitlichen, integrierten Sicht kommen.«[3]

Die Zukunft ist offen, die postpatriarchale Lebensform erst im Werden. Eins aber ist sicher: Die intensive feministische Auseinandersetzung mit der reichen Marientradition gibt der Suche nach einer guten neuen Ordnung wesentliche Impulse, wie auch immer die kommende Welt aussehen wird.

---

3   Helen Schüngel-Straumann 1989, 34f.

>STRESS ODER: DIE FÜLLE DES LEBENS

Vor ein paar Jahren redeten alle vom »Weihnachtsstress«: Nicht heilige, sondern arbeitsreiche Nächte schienen ab Ende November auf dem Programm zu stehen. Tatsächlich gibt es viel Wichtiges zu tun unseren vielen Lieben zuliebe: Wünsche herausfinden, Plätzchen backen, Pakete packen, Menüs planen, Besuche empfangen, Briefe schreiben, Kränze winden, Bäume schmücken, Tüten schleppen, Besinnlichkeit herstellen, Oratorien hören, Lichterketten montieren, Sterne basteln, Geheimnisse huten, Kinder anleiten ... Und daneben läuft noch der ganz normale Job. Wobei die wenigsten Jobs im Dezember ganz normal sind: Verkäufer und Geschäftsfrauen müssen das »Weihnachtsgeschäft« verkraften, Pfarrerinnen, Schüler, Lehrer, Politikerinnen haben Zusatzveranstaltungen zu absolvieren und jeder anständige Chef mutet seinen Mitarbeitenden ein Weihnachtsessen zu.

Weihnachten scheint sich nicht ändern zu wollen. Aber die Klage über den Feststress ist, wenn ich es richtig spüre, neuerdings leiser geworden. Warum? Hat sie sich abgenutzt? Sind wir selbstbewusster geworden und lassen uns deshalb weniger Umtriebe aufhalsen? Hat man vor der unabänderlichen alljährlichen Überforderung resigniert? Oder haben wir verstanden, dass der sogenannte Weihnachtsstress ein angemessener Ausdruck dafür ist, dass auf das Fest der Heiligen Geburt hin die Fülle des Lebens spürbar kulminiert? Weshalb sollten wir nicht in helle Aufregung geraten, wenn MACHT IN BEZIEHUNG[1] geboren wird?

Niemand zwingt mich, die Advents- und Weihnachtszeit mit Hektik zu verbringen. Längst gibt es Leute, die sich dem Trubel entziehen. Sie lassen das Schenken sein und setzen sich in den Süden ab. Ich könnte

---

1   Carter Heyward 1986, 73ff und passim.

ihrem Beispiel folgen. Wer also die heiligen Nächte mit Arbeit füllt, ist selber schuld. Zwar gibt es da die »inneren« oder die »unsichtbaren« Zwänge: die unausgesprochenen Erwartungen des Schwiegervaters, den Sog der Nachbarschaft, die Pflicht, auch den eigenen Kindern die zauberhaften Eindrücke ins Herz zu schreiben, von denen ich selbst seit meiner Kindheit zehre, die schon ich, genau besehen, dem Weihnachtsstress meiner Mutter verdanke. Solche ungeschriebenen Gesetze aber lassen sich abschütteln. Vielleicht ist die Schwiegermutter ja froh, wenn ich mich aus der Konkurrenz um die beliebtesten Plätzchen zurückziehe? Vielleicht schauen die Nachbarn erst ein bisschen irritiert und lassen dann erleichtert die eigene Lichterkette auch im Schrank?

Dass trotzdem viele Leute in der Adventszeit freiwillig am Rande ihrer Kraft leben, liegt, diesseits von lästiger Fremdbestimmung, daran, dass es einen guten Grund dafür gibt: nämlich die Freude darüber, dass da so viele Menschen sind, denen ich meine Zuneigung zeigen will, dass das Leben reich und voller Verlockungen und Genüsse ist und dass GOTT jedes Jahr von Neuem zum Kind wird, das keinerlei Lust verspürt, vernünftig zu sein und mit den eigenen Kräften haushälterisch umzugehen. Das emsige Treiben vor dem Fest der Geburt ist kein sinnloser Energieverschleiß. Denn wofür könnten wir unsere Kräfte besser einsetzen als für die Pflege unserer Beziehungen, für Geschenke, Genuss, Wohlgerüche und native[2] Lebensfreude? Bestimmt ist es dennoch gut, sich zu fragen, an welchem Punkt kollektive Bezogenheitslust in leere Konvention und gegenseitige Kontrolle umschlägt. Wirklicher Stress beginnt dort, wo ich nur noch mechanisch die Erwartungen anderer erfülle, zur adventlichen Dienstmagd werde oder freudlos dem Kommerz huldige. Wo ich aber von ganzem Herzen zustimmen kann, dass meine Lebensenergie ins »Bezugsgewebe menschlicher Angelegenheiten«[3] fließt, da wird, umgekehrt, die Klage über den Weihnachtsstress zur leeren Formel. Denn gibt es etwas Heiligeres, als spät in der Nacht noch eine Kerze anzuzünden, die schönste Weihnachtskarte herauszukramen und der fernen Freundin zu schreiben, wie lieb sie mir ist, auch wenn ich sie das ganze Jahr nie gesehen habe?

---

2   Ina Praetorius 2005a, 40–43.
3   Hannah Arendt 1981, 171 und passim.

> # DAS GEBORENSEIN ERINNERN
> ## Für Hannah Arendt

In den vergangenen Jahren und Jahrzehnten sind nachdenkliche Menschen auf eine seltsame Leerstelle in unserer westlichen philosophischen und theologischen Tradition gestoßen: Wer in einschlägigen Wörterbüchern nach dem Stichwort »Geburt« sucht, findet nahezu nichts. In der »Theologischen Realenzyklopädie« zum Beispiel kann ich neunundfünfzig Seiten zum Thema »Tod« lesen, aber keine Zeile über das Geborenwerden.[1] In den Nachschlagewerken »Die Religion in Geschichte und Gegenwart« und »Lexikon für Theologie und Kirche« finden sich zwar wenige Spalten zum Stichwort »Geburt«, aber sie enthalten kaum ernstzunehmende Reflexion. Sogar in der ersten Auflage des »Wörterbuchs der Feministischen Theologie« haben wir Herausgeberinnen die Geburt vergessen. In der zweiten Auflage gibt es dann allerdings einen Artikel »Geburt/Natalität«. Und darin steht, das Denken der Geburtlichkeit berge ungeahnte Möglichkeiten, die heute erst in Ansätzen erkennbar seien. Gemeint ist damit zum Beispiel die Möglichkeit, die ganze christliche Theologie von Weihnachten oder die Menschenwürde vom Sohn- und Tochtersein her neu zu verstehen.

Der konkrete Anfang, den bis heute, soweit wir wissen, alle Menschen ohne Ausnahme auf ihre je besondere Weise durchlebt haben, ist also vorerst ein weitgehend ungedachtes Vorhandensein. Zwar feiern Christinnen und Christen Weihnachten, das Fest der Geburt des EWIGEN,

---

1   Dieser Leerstelle entspricht die Gewohnheit, Bilder, auf denen Jesus als Säugling mit seinen Eltern im Stall von Betlehem dargestellt ist, »Geburtsdarstellungen« zu nennen. (Vgl. z. B. in: Christlicher Glaube und die Bilderfrage, 109). Auf solchen Bildern ist aber keine Geburt dargestellt, sondern ein gewaschenes und sorgfältig eingepacktes Kind mit seiner – meist aufrecht sitzenden und vollständig bekleideten – Mutter.

mindestens so intensiv wie Karfreitag und Ostern. Aber sie denken es kaum. Zwar ist heute, vor allem im Rahmen der sogenannten Bioethik, viel von den »Problemen um den Lebensbeginn« die Rede. Aber damit sind im Allgemeinen Fragen gemeint, die den Moralexperten von einer Medizin aufgegeben werden, die den menschlichen Anfang ihrerseits nicht als denkwürdigen Prozess, sondern als technisch manipulierbaren Mechanismus wahrnimmt. Dass sie ihn so wahrnimmt, muss angesichts der Jahrhunderte andauernden Tabuisierung der menschlichen Anfänglichkeit nicht erstaunen. Eine Theologie zum Beispiel, die behauptet, die Menschen kämen direkt aus der Hand Gottvaters, sollte sich nicht wundern, wenn in der Zeit der Gottvaterverlassenheit zunächst selbsternannte Vatergötter die Regie übernehmen.

Es gibt aber Ansätze, das Geborensein ins Denken aufzunehmen. In ihrem Buch »Vita Activa oder Vom tätigen Leben« schreibt Hannah Arendt:

> »Sprechend und handelnd schalten wir uns in die Welt der Menschen ein, die existierte, bevor wir in sie geboren wurden, und diese Einschaltung ist wie eine zweite Geburt, in der wir die nackte Tatsache des Geborenseins bestätigen, gleichsam die Verantwortung dafür auf uns nehmen.«[2]

Anders als die meisten ihrer Kollegen hält Arendt also die Art, wie Menschen in die Welt kommen, für bedeutsam. Menschen werden nicht von einem überirdischen Schöpfer hergestellt, sie kommen auch nicht von nirgendwoher, und sie sind nicht ohne Sinn und Zweck in die Welt geworfen, wie einige Existentialisten glauben machen. Vielmehr haben wir alle einen unverwechselbaren Anfang in einem bestimmten Generationengefüge. Geboren werden heißt: als einzigartiger Neuling an einem bestimmten Ort zu einer bestimmten Zeit als Nachkomme bestimmter Älterer in die vorhandene Fülle der Welt eintreten. Geboren sein heißt, in dieser Welt etwas Neues sein und dadurch auch etwas Neues anfangen können:

---

2   Hannah Arendt 1981, 165.

»Weil jeder Mensch auf Grund des Geborenseins ein *initium*, ein Anfang und Neuankömmling in der Welt ist, können Menschen Initiative ergreifen, Anfänger werden und Neues in Bewegung setzen.«³

»Der Neuanfang steht stets im Widerspruch zu statistisch erfassbaren Wahrscheinlichkeiten …, er mutet uns daher … immer wie ein Wunder an. … Und diese Begabung für das schlechthin Unvorhersehbare … beruht … auf dem alles menschliche Zusammensein begründenden Faktum der Natalität …, der Gebürtlichkeit, kraft derer jeder Mensch einmal als ein einzigartig Neues in der Welt erschienen ist.«⁴

Mit solchen Sätzen führt Arendt die Tatsache des Geborenseins ins Nachdenken über die Menschen und ihr Dasein in der Welt wieder ein. Sie erfindet dabei den Begriff der Freiheit neu. Denker, die ihre reale Herkünftigkeit nicht anschauen wollen, verleugnen nämlich mit dem Geborensein oft auch ihre bleibende Abhängigkeit von Luft, Erde, Wasser und menschlichen Beziehungen. So gelangen viele von ihnen zu der seltsam irrealen, heute aber gängigen Idee, Freiheit bedeute Unabhängigkeit und realisiere sich in einem quasi bedürfnislosen Reich der »Autonomie«. Diesseits dieser Wunschvorstellung, diesseits aber auch der pessimistischen Antithese von der Vorbestimmtheit menschlichen Handelns, wie sie kürzlich von Hirnforschern wieder aufgewärmt wurde,⁵ begreift Arendt Freiheit anders: nämlich als die Möglichkeit und Bestimmung, unverwechselbare Handlungen wie Fäden von einzigartiger Farbe und Beschaffenheit ins immer schon vorhandene Gewebe Welt zu schlagen.⁶

Hannah Arendt hat die Anfänglichkeit der Menschen neu ins Gespräch gebracht, nicht aber die Frage, *von wem* wir geboren wurden. Hier knüpft das postpatriarchale Denken an und spinnt weiter. Die Verleugnung unserer Gebürtigkeit hängt nämlich ursächlich mit der Weiblichkeitsvergessenheit – oder Frauenverachtung – des herkömmlichen Denkens zusammen. Geborensein bedeutet, in Form einer sehr engen Beziehung zu einem *bestimmten* Menschen der vorangehenden Generation in die

---

3   Ebd. 160.
4   Ebd. 167.
5   Vgl. z. B. Wolf Singer 2003.
6   Vgl. in diesem Band: Schneeflocken und Uhrmacher, S. 54.

Welt eingetreten zu sein. Man nennt diesen bestimmten Menschen »Mutter«. Die Beziehung zur Mutter ist am Anfang jedes menschlichen Lebens so eng, dass die beiden aufeinander Bezogenen sich in ein- und demselben Körper befinden. So große Nähe, so viel Abhängigkeit scheint vielen Denkern peinlich und voller Gefahren zu sein.[7] Wohl weil es nicht nur angenehm ist, die eigene Abhängigkeit einzugestehen und zu durchdenken, haben viele Philosophen und Theologen ihr anfängliches und bleibendes Angewiesensein verleugnet oder in den Himmel verlegt. Verglichen mit der lebendigen Mutter, die widersprechen kann, ist der Himmel ein sicheres Terrain: Weil er sich nicht wehrt und weil sich dort oben niemand richtig auskennt, können Männer, die auf Erden das Sagen haben, auch den Himmel mit ihren Kreationen bevölkern. Widerlegen kann den Herrn Gott da droben, von dem wir angeblich alle abhängig sind, niemand. Beweisen aber auch nicht.

Den Prozess des Werdens im Mutterleib, der jedem Geborenwerden vorausgeht, kann das androzentrische[8], das heute noch gängige Denken kaum angemessen erfassen. Denn dieses Denken stellt den erwachsenen männlichen Menschen als Modell ins Zentrum. Von ihm scheint sich alles weitere, was über den »Menschen an sich« zu sagen ist, abzuleiten. Die evangelische Theologin Christiane Kohler-Weiss, die eine wichtige Untersuchung über die Ethik der Schwangerschaft geschrieben hat, resigniert deshalb vorerst vor der Aufgabe, vorgeburtliche Anfänglichkeit zu denken. Sie schreibt:

> »Das Lebensverhältnis Schwangerschaft lässt sich kaum auf einen philosophischen Begriff bringen.«[9]

Wirklich nicht? An diesem Punkt will ich ihr nicht folgen. Zwar ist es richtig, dass das anfängliche Verhältnis »Zwei in Einer«[10] undenkbar ist,

---

7   Interessant ist in diesem Zusammenhang, dass schon Arendts Lehrer Martin Heidegger in seinem Hauptwerk »Sein und Zeit« von der Gebürtigkeit des Daseins spricht, diesem Begriff aber seine Aufmerksamkeit umgehend wieder entzieht. Vgl. Hans Saner 2007, 12.
8   Vgl. Art. »Androzentrismus« in: Elisabeth Gössmann u. a. (Hgg.) 1991 und 2002.
9   Christiane Kohler-Weiss 2003, 315.
10 Vgl. Ina Praetorius 2000, 29–34.

solange ich, was man »unsere« philosophische Tradition nennt, zum Maßstab meines Denkens erhebe. Aber diese Tradition hört auf, Maßstab zu sein, sobald ich erkenne, dass sie auf erneuerungsbedürftigen Grundlagen beruht. Andererseits: Seit jeher ist es Ziel und Ideal eben dieser Tradition, die Wirklichkeit, so wie sie ist, in Worte zu fassen. Warum sollte sich ausgerechnet unser aller biologisch-kulturelles Herkommen dem Wunsch, die Wahrheit zu sagen, entziehen?

Die Wahrheit ist: Wir alle kommen aus lebendigem Leib und bleiben zeitlebens abhängig von Luft, Wasser, Erde und allem, was sie hervorbringen, von anderen Menschen, von Tradition und Liebe. Das Geborenwerden als Ende der Verwobenheit in den Leib einer ANDEREN zu denken, mag ein trügerisches Gefühl der Befreiung erzeugen, wird aber den Tatsachen nicht gerecht. Denn alle bleiben, bis sie sterben, verwoben in den Leib der Welt: in den Kosmos, die Sprache, ins Herkommen, ins Bezugsgewebe menschlicher Angelegenheiten. Abnabelung findet statt, insofern an die Stelle des Mediums Mutterleib die Fähigkeit tritt, direkt mit der Welt in Beziehung zu treten. Sie findet nicht statt im Sinne der losgelösten Freiheitsidee, um die das schwangerschafts- und geburtsvergessene westliche Denken bis heute kreist.

Eines Tages, vielleicht schon bald, wird geburtliches Denken in Hörsäle, Kirchen und Wörterbücher einziehen. Bevor es soweit ist, hat es seinen sicheren Ort im realistischen Daseinsgefühl der Menschen, die, wie Jesus von Nazaret,[11] ihrer bleibenden Verwobenheit eingedenk sind. Sie haben nie an die Zweiteilung der Welt und an die Möglichkeit geglaubt, in höheren Sphären »unabhängig« werden zu können. Native[12] Leute erkennt man heute zum Beispiel daran, dass sie sich nicht von kirchlicher Dogmatik, von Lifestylemagazinen oder wissenschaftlichen Fachzeitschriften vorschreiben lassen, wonach sie sich ausstrecken sollen. Zum Beispiel sitzen solche Leute gern im Park. Sie wissen, dass es auch in New York sterbenslangweilig sein kann und bleiben deshalb gern zu

---

11 Ina Praetorius 2005a, 199–204.
12 Nativ von lat. *nativus*, geburtlich, zur Geburt gehörig. Dass man heute einen nicht ganz ernst zu nehmenden Menschen »naiv« (fraz. *naif* von lat. *nativus*) nennt, bildet die Verleugnung der Geburtlichkeit in der Umgangssprache ab. Vgl. dazu Ina Praetorius 2005a, 40–43.

Hause. Oft haben sie keine Lebensversicherung abgeschlossen, keine Karriere gemacht und wenig Ahnung von Börsenkursen. Ihre Terminkalender sind nicht übervoll, sie haben möglicherweise nicht alle Kontinente bereist, und manchmal denken sie ein Gedicht, während sie ein Klo putzen. Sie halten es nicht für entwürdigend, die stinkenden Hinterlassenschaften von Menschen oder Tieren zu entsorgen, sofern sie es nicht per Definition und ganztägig tun müssen. Sie bauen Wärmedämmungen in Hausfassaden ein, weil sie etwas gegen den Klimawandel unternehmen wollen, dennoch genießen sie die sommerlichen Frühlingstage, die es eigentlich nicht geben sollte. Die Avantgarde des postpatriarchalen Zusammenlebens findet es schön und interessant, dass sechseinhalb Milliarden verschiedene Würdeträgerinnen und Würdeträger samt unzähligen anderen Lebewesen die eine Welt bewohnen. Sie hat ein bisschen Angst vor Krankheit und Alter, aber keine riesige Angst. Die Avantgarde der geburtlichen Zukunft ist nicht asketisch und nicht revolutionär. Denn sie lebt in bezogener Freiheit.

> # JESUS SCHRIE LAUT UND LEBTE
> ## Zu Mt 27,50 und Lk 2,7

Alle Menschen werden geboren.[1] Aber nicht alle können gebären. Um das Geborensein haben die meisten Denker bis heute einen weiten Bogen gemacht. Wie haben sie das Gebären gedacht?

Lange hat man sich – mehr oder weniger ausdrücklich – dem antiken Gedanken von der Minderwertigkeit des Weiblichen angeschlossen. In seinen naturphilosophischen Schriften bestimmt Aristoteles das Männliche als das aktiv formende Prinzip, das Weibliche als Materie, die geformt wird. Das Wort »Materia« leitet sich sogar ab vom griechischen und lateinischen Wort »Mater«, das »Mutter« bedeutet.[2] Schwangerschaft und Gebären sind demnach, trotz der augenfälligen Aktivität des Gebärens, als passives Empfangen und Austragen des formgebenden männlichen Samens definiert. Die Mutter wird analog zur Erde gedacht, die dem in sie gelegten Samen lediglich Nährstoffe, nicht aber eigene Gestaltungskraft hinzufügt.

Zwar hat man diese Sichtweise der Entstehung menschlicher Neuankömmlinge bald als Verkennung der biologischen Tatsachen erkannt. Die mit ihr grundgelegte Theorie einer wert- und wesensmäßigen Differenz zwischen Mann und Frau erwies sich dennoch als erstaunlich beständig: Auch wer sich die Theorie vom ausschließlich empfangenden

---

1 Vgl. in diesem Band: Das Geborensein erinnern, S. 29.
2 Es ist in diesem Zusammenhang interessant und vermutlich eine langfristig heilsame Provokation, dass die »Bibel in gerechter Sprache« Joh 1,14 so übersetzt: »Und die Weisheit wurde Materie und wohnte unter uns, und wir sahen ihren Glanz, einen Glanz wie den eines einziggeborenen Kindes von Mutter und Vater voller Gnade und Wahrheit.«

Mutter-Boden nicht ausdrücklich zu eigen macht, kann nämlich die Konsequenzen, die sie für die allgemeine Auffassung des Menschseins hat, übernehmen und weitergeben. Schon Aristoteles hat die angeblich in der Natur selbst begründete Lehre von der weiblichen Passivität auf die Ordnung des Zusammenlebens übertragen: In seiner »Politik« bestimmt er das Männliche als »das Bessere und das, was regiert«, entsprechend Weiblichkeit als »das Schlechtere und das Regierte«.[3] Vor allem die christliche Scholastik hat diese Werthierarchie ausgebaut zur statisch zweigeteilten symbolischen Ordnung, der zufolge Weiblichkeit der sündigen körperlich-animalischen Seite des Menschseins besonders nahe steht. Das Ganze der Menschenwelt stellte man sich allmählich zweigeteilt vor: Einer höheren, geistigen, göttlichen, rationalen, aktiven männlichen Sphäre ist eine niedrige, weibliche, passive, körperliche, kontrollbedürftige Sphäre untergeordnet.

Heute weiß zwar jedes Kind, dass Schwangersein und Gebären mehr und anderes bedeuten als das passive Wachsenlassen eines im männlichen Samen ausgebildeten Keimes. Die zweigeteilte Weltsicht ist dennoch nicht verschwunden.

Es ist nicht erstaunlich, dass Frauenbewegungen angesichts dieser verzerrten Sicht des Gebärens zuweilen dazu neigen, die Geschlechterhierarchie umzukehren: In den Siebziger- und Achtzigerjahren des vergangenen Jahrhunderts war viel von mangelhafter Männlichkeit und überlegener Weiblichkeit die Rede. Etliche Denkerinnen knüpften an die Tradition festgelegter Geschlechtscharaktere mit umgekehrtem Vorzeichen an, was in der Theologie vor allem zu einer intensiven Beschäftigung mit weiblichen, insbesondere mütterlichen Gottheiten führte. Es stellte sich aber bald heraus, dass es Frauen ebenso wenig wie Männern gut tut, sich selbst für das überlegene Geschlecht zu halten. Antipatriarchaler Mütterlichkeitskult ist nicht realistischer als die Überhöhung männlicher Zeugungsfähigkeit, und die Idee, beim Gebären handle es sich gewissermaßen um eine göttliche Fähigkeit, kann leicht in Überforderung und moralischen Druck umschlagen.

---

3   Aristoteles 1981, 53.

Um die Dinge ins Lot zu bringen, ist es nicht notwendig und nicht sinnvoll, weibliche Überlegenheit zu behaupten. Es reicht aus, den männlichen Überlegenheitswahn infrage zu stellen, ihn zum Beispiel als Folge eines Gebärneides zu deuten. Tatsächlich lassen sich in der westlichen Geistesgeschichte viele Anhaltspunkte für eine solche Interpretation finden. Luisa Muraro fasst die so entstehende Sicht auf die Geschichte des Denkens zusammen:

> »Wie wir wissen, sind die Philosophen von der Figur und von dem Werk der Mutter inspiriert worden. Sie drehen jedoch die Reihenfolge um und stellen das Werk der Mutter als eine Kopie (und nicht selten als eine schlechte Kopie) des eigenen Werkes dar. Darin sind sie Komplizen des Patriarchats, das den Vater als den wahren Schöpfer des Lebens darstellt.«[4]

Wie lässt sich das Gebären so auf den Begriff bringen, dass es weder als Gottähnlichkeit noch als Minderwertigkeit erscheint, sondern – zumindest näherungsweise – als das, was es ist? Zunächst wäre wohl ausdrücklich anzuerkennen, dass die Menschheit, indem sie sich denkerisch allzu lange mit erwachsener Mannheit verwechselt hat, bis heute nur einen Bruchteil dessen gedacht hat, was begrifflich zu erfassen sie fähig und was zu denken lebensförderlich wäre. Es stimmt deshalb zuversichtlich, dass in jüngster Zeit auch einige Männer begonnen haben, Abstand zu nehmen von der Praxis, »das Männliche als das Allgemeine, das Weibliche aber als das Besondere zu statuieren.«[5] Sie stellen sich stattdessen der – durchaus komplizierten – Aufgabe, »die eigenen männlichen Perspektiven nicht mehr als universal gültige auszugeben, sondern sie als partikulare zu begreifen, sie dann aber – *als* partikulare – in doppeltem Wortsinn: zu *behaupten*.«[6] Erst wer den über Jahrhunderte festgehaltenen Allgemeingültigkeitsanspruch der männlichen Perspektive, die hinsichtlich des Gebärens wohl immer eine Außenperspektive bleiben wird, in dieser Weise ausdrücklich zurücknimmt, eröffnet den Raum für eine in gegenseitiger Anerkennung gewonnene erneuerte Sicht.

---

4   Luisa Muraro 1993, 82.
5   Marie-Theres Wacker u. a. (Hgg.) 2006, 12.
6   Jürgen Ebach 2006, 67 (Hervorhebung J.E.).

Sicher ist: auch unsere Mütter haben uns nicht hergestellt. Der Wunsch, die jahrhundertelang missachtete Mütterlichkeit nun ihrerseits für göttlich zu erklären, trifft die Sache nicht, denn auch jede Mutter ist eine Tochter. Eva, die biblische Mutter aller Lebendigen, kommt der Sache schon näher, wenn sie nach ihrer ersten Schwangerschaft und der Geburt ihres ersten Sohnes Kain sagt:

Ich hab's gekonnt, einen Mann erworben – mit Adonaj. (Gen 4,1b)

Bestimmte Menschen – man nennt sie bis heute »Frauen« – besitzen diese besondere Potenz, neue Menschen hervorzubringen, wenn sie einen männlichen Samen in sich eingelassen haben, und: mit Hilfe des LEBENDIGEN. Wie sich der Neuling im Bezugsgewebe Mutterleib entwickelt, das kann man heute so genau studieren, dass darüber zuweilen vergessen geht: Was DAS LEBENDIGE eigentlich ist, woher es kommt, wie es entsteht, das weiß kein Mensch, auch nicht die Schwangere, das weiß nur, so vermute ich, das GEHEIMNIS dahinter: ICH-BIN-DABEI (Ex 3,14). Mütter als »Mitschöpferinnen«[7] zu bezeichnen, ist sicher ein wichtiger Schritt auf eine postpatriarchale Symbolik zu, die das Werk der Mütter ehrt, statt es hinter einem himmlischen Schöpfer verschwinden zu lassen. Aber auch in Zukunft werden wir nicht die Mütter anbeten. Wir werden vielmehr angesichts des mütterlichen Leibes, durch ihn hindurch, statt über ihn hinweg oder an ihm vorbei, über GOTTES Schöpferinnenkraft staunen.

Als förderlich für das theologische Weiterdenken wird sich sicherlich erweisen, dass die biblische und die christliche Tradition einen reichen Schatz an möglichen Anknüpfungspunkten für die erneuerte Rede vom LEBENDIGEN bereithalten. Die Geschichte von der Geburtlichkeit des Retters, die gleichzeitig eine Geschichte vom Gebären GOTTES ist, müssen wir jedenfalls nicht selbst erfinden, denn sie steht im zweiten Kapitel des Lukasevangeliums und enthält diesen Kernsatz:

Und sie gebar ihren ersten Sohn, wickelte ihn in Windeln und legte ihn in eine Futterkrippe. (Lk 2,7a)

---

7   Hanna Strack 2006.

Postpatriarchale Theologie, die von der Geburtlichkeit des GUTEN ausgeht, könnte mit diesem Satz beginnen:

Und Jesus schrie laut ... (Mt 27,50) und lebte.

FASNACHT:
LACHEN UND ANDERS SEIN

> **BABYWICKELMASCHINEN**
  Oder: die Politik des Lachens

Kann eine Maschine ein Baby wickeln? Selbstverständlich ist es heute möglich, Maschinen mit weichen Mulden für kleine Popos auszustatten, mit gepolsterten Greifarmen und hochempfindlichen Sensoren, die auch in Hautfalten versteckte Feuchtigkeit perfekt aufspüren. Auch Maschinen, die beruhigende Worte sprechen, gibt es längst.

Es scheint, als habe sich die noch geltende Wirtschaftsordnung samt einer Politik, die sich ihr zuweilen bis zur Unkenntlichkeit anpasst, der Logik der Babywickelmaschine verschrieben. Gut werden wir leben, heißt es, wenn wir alles maximal beschleunigt, technisch handhabbar und kontrollierbar gemacht haben, die Produktion von Höschenwindeln ebenso wie das Psychomanagement der Erwerbslosigkeit. Wir müssen einfach dahinterkommen, wie der Mechanismus funktioniert und die optimale Lösungsstrategie entwickeln, dann wird das Leben so locker an uns vorbeiziehen, dass wir gar nichts mehr davon merken.

Eigentümlich ist allerdings, dass die Logik des Managements, die dereinst alles, auch den Sinn des Lebens rationell herzustellen gedenkt, das Babywickeln bis heute dennoch Menschen, zum Beispiel Müttern oder Vätern überlässt. Denjenigen also, die zwar durchaus in der Lage wären, den komplexen Windelentwickel- und Neueinpack-Mechanismus per Knopfdruck auszulösen, die es dennoch bis heute vorziehen, mit Babys und anderen Menschen eigenhändig, eigenköpfig, eigensprachlich, eigengefühlig, eigensinnig umzugehen und sich dabei die nötige Zeit zu lassen.

Vielleicht hat man die Babywickelmaschine deshalb noch nicht erfunden, weil die Macherinnen und Macher im hintersten Kämmerchen ihrer durchrationalisierten Seelen eine geheime Dankbarkeit ihren Müttern gegenüber hegen, die sie nicht als Roboter, sondern als lebendig empfindende Menschen ins Erwachsenenleben begleitet haben? – Mag sein, sagt der ertappte Technokrat, aber das ist schließlich meine Privatangelegenheit.

Dass es Arbeiten gibt, für deren Bewältigung technische Hilfen sinnvoll sind, bezweifeln kluge Menschen nicht. Die vielen Knöpfe und Tasten in meiner Küche zum Beispiel schätze ich, denn sie ermöglichen es mir, in Ruhe mit den Rohstoffen umzugehen, die sich bald in ein genüssliches Mahl für mich und meine Lieben verwandeln werden, statt mich mit Holz spalten und schleppen zu ermüden. Wer aber behauptet, das Leben selbst ließe sich per Knopfdruck organisieren, sich gleichzeitig eine Privatsphäre hält, in der ganz andere, unsagbare, allenfalls den Poeten zugängliche Gesetze gelten, der macht sich lächerlich. Der Managementwahn, der sich einbildet, demnächst den ganzen Globus im Griff zu haben, hat sich also längst lächerlich gemacht. Wir, die lebendigen Leute, die ehemaligen Babys, die ihr Herkommen aus lebendigem Leib nicht vergessen und nicht zur Privatangelegenheit erklären wollen, könnten der Komik des allzu ernsthaften Rationalisierens das entgegenbringen, was öffentlich zur Schau gestellter Lächerlichkeit gebührt: Lachen.

Wird aber Lachen dem Ernst der Lage gerecht?
Nein, sagen die Ängstlichen, denn die Bosse haben Macht über uns. Sie drücken die entscheidenden Knöpfe in den Schaltzentren der Welt und verfügen über Geld, Macht und raffinierte Beziehungsnetze. Sie auszulachen wäre naiv.
Es stimmt, dass einige Menschen in gewissen Schaltzentralen Macht haben, allerdings nur, solange die Mehrheit ihnen glaubt. Sobald die ehemaligen Dreijährigen aber öffentlich sagen, wie komisch es zum Beispiel ist zu behaupten, das bedruckte Papier, das sich einem Automaten entnehmen lässt, sofern zuvor ein Konto gefüllt und die richtige Zahl eingegeben wurde, sei unsere Existenzgrundlage, werden gewisse Damen und Herren dastehen wie der Kaiser im Märchen von den neuen

Kleidern: der Kaiser, der den betrügerischen Schneidern glaubte, die ihm neue Kleider anzogen, die es gar nicht gab, und dem erst die Anfängerin, die sich nichts vormachen lässt, die native Wahrheit zuruft: Er ist ja nackt, der Kaiser!

> # VOM NOTWENDIGEN ENDE EINER VERKLEIDUNG

Hat GOTT sich jahrhundertelang als Mann verkleidet? Es will fast so scheinen, denn in der Lutherbibel zum Beispiel wird DAS GEHEIMNIS mehr als sechstausend Mal »Der Herr« genannt. Dieses Beispiel zeigt allerdings schon: Nicht GOTT SELBST hat sich verkleidet, sondern Leute wie Martin Luther haben ihm Männerkleider angezogen – in der Meinung, sie würden damit dem wahren Wesen des ANDEREN gerecht, das man schon viele Jahrhunderte vorher zum *kyrios* (griech. Herr), *dominus* (lat. Herr) und *pater* (griech./lat. Vater) erklärt hatte.

In meiner Kindheit kam der Herr Gott selten vor. Überhaupt war von Gott wenig die Rede. Mein Vater war aus der evangelischen Kirche ausgetreten und befasste sich nicht viel mit religiösen Fragen, jedenfalls nicht für mich wahrnehmbar. Meine Mutter war zwar im Dunstkreis des schwäbischen Pietismus aufgewachsen, hatte sich aber schon in ihrer Jugend von diesem Erbe distanziert. Eine gewisse religiöse Kultur scheint meinen Eltern dennoch wichtig gewesen zu sein. Denn jahrelang beteten meine Schwester und ich vor dem Einschlafen:

> Du lieber Gott, ich danke dir, du warst den ganzen Tag bei mir.
> Nun bleib' auch bei mir diese Nacht, schick' deine Englein mir zur Wacht.
> Und lass' mich schlafen still und fein, auch Eltern und Geschwisterlein.

Und vor dem Mittagessen betete die ganze Familie:

> Alle guten Gaben, alles was wir haben,
> kommt, o Gott, von dir, wir danken dir dafür.

Ist es Zufall, dass in den beiden Gebeten meiner Kindheit, die ich noch auswendig weiß, der »Herr« nicht vorkommt? Fand schon meine Mutter es seltsam, die LEBENDIGE LIEBE routinemäßig so zu nennen? Bei Verwandten lernte ich dann dieses Tischgebet kennen:

> Komm', Herr Jesu, sei du unser Gast,
> und segne, was du uns bescheret hast.

Als ich hin und wieder in den Kindergottesdienst ging, sangen wir:

> Großer Gott, wir loben dich, Herr, wir preisen deine Stärke ...

Oder:

> Herr, wir warten arm und hungrig ...

Im Konfirmandenunterricht mussten wir auswendig lernen und an einer öffentlichen Prüfung hersagen:

> Ich glaube an Gott,
> den Vater, den Allmächtigen,
> den Schöpfer des Himmels und der Erde,
> und an Jesus Christus,
> seinen eingeborenen Sohn, unsern Herrn ...

Heute, so habe ich mir sagen lassen, schreiben viele Konfirmandinnen und Konfirmanden ihr Glaubensbekenntnis selber. Und heute erfahren auch die meisten Kinder, anders als in vergangenen Jahrhunderten, dass sie aus dem Körper ihrer Mutter herausgekommen sind, in dem sie ungefähr neun Monate verbracht haben. Das sind Fortschritte. Denn früher, als man den Kindern ihr Herkommen noch verschwieg, weil man es für unanständig hielt, glaubten wohl wirklich viele, der Herr Gott habe sie eigenhändig hergestellt und dann, wer weiß, dem Storch ausgehändigt.

Wie wirkt das symbolische Universum, zu dem sich die Texte, Lieder, Bilder und Gesten der Herrgottsreligion zusammengefügt haben, auf

Kinder? – Wenn alles gut geht, schaffen sie einen Orientierungsrahmen, innerhalb dessen sich ein Kind entwickeln, bewegen und auch schwierige Zeiten überstehen kann. Bei mir war es jedenfalls so. Und deshalb finde ich es heute ein bisschen übertrieben, dass ich in meinen kämpferischen Jahren behauptet habe, der Herr Gott zerstöre weibliche Freiheit. Offensichtlich hat er mich nicht umgebracht. Vielmehr ist es eine Tatsache, dass ich und viele andere Menschen eine – mehr oder weniger – christliche Erziehung überlebt haben, recht und schlecht, wie man manchmal sagt, und manche auch recht gut. Aus der biblischen Tradition spricht eben nicht ein wirklicher Herr, sondern ein als Herr verkleidetes BEFREIENDES ANDERES.

Warum ist es trotzdem notwendig, GOTT heute endlich und ausdrücklich aus seiner Männerverkleidung zu erlösen?

Von biblischen Zeiten bis ins europäische Mittelalter und darüber hinaus war ein Herr ein Mann, der über seinen Einflussbereich – Land, Häuser, ganze Dörfer und Reiche, Tiere, untergebene Menschen – unbeschränkt bestimmen konnte. In der Bibel sind vor allem die wechselnden Herrschaften über Israel gemeint – die Herrscher von Ägypten, Babylon, Persien, auch die einheimischen Könige, im Neuen Testament dann vor allem die Herren in Rom und die Grundherren, die Großgrundbesitzer, die Sklavenhalter. Ein Herr war damals jemand, dem man sich nicht oder nur unter Lebensgefahr widersetzen konnte. Er durfte nach Belieben strafen, seine Sklavinnen und Sklaven sogar töten – oder begnadigen.

Was die Identifizierung GOTTes mit einem Herrn in biblischer Zeit meinte, ist einleuchtend: Die Menschen waren nicht bereit, den SINN IHRES LEBENS mit dem Willen weltlicher Herren gleichzusetzen. Indem sie GOTT HERR nannten, schufen sie sich eine Instanz, die anderes wollte als die menschlichen Herren, nämlich: Gerechtigkeit, Segen, gutes Leben für alle statt Willkür und Unterwerfung. Wenn eine fromme Jüdin zur Zeit Jesu »Gott, mein Herr« sagte, dann meinte sie wohl: Nicht die Römer bestimmen, was der Sinn meines Lebens ist, sondern der Schöpfer der Welt, der Stifter der Tora. – Es stellt sich allerdings schon hier die Frage, ob sich Herrenlogik mit Herrenlogik austreiben lässt. Denn auch ein nicht herrischer Herr ist noch ein Mann, der von oben herab bestimmt, was gilt.

Heute sage ich, wenn ich auf der Straße einem erwachsenen männlichen Wesen, zum Beispiel meinem Nachbarn, begegne: »Guten Tag, Herr Meier.« Jeder erwachsene Mann wird heute »Herr« genannt, sei er Chef oder Arbeiter.[1] Was wir in unserer Gegenwart meinen, wenn wir »Herr Gott« sagen, ist deshalb undeutlich. Denn bestimmt meinen wir nicht, dass GOTT so ungefähr ist wie Herr Meier von nebenan, aber keinesfalls so wie Frau Meier. Vermutlich nennen die meisten, die überhaupt noch von GOTT sprechen, GOTT »Herr«, weil sie es so gewöhnt sind. Zwar wirkt auch heute noch viel illegitime Macht, aber man nennt die Leute, die sie ausüben, nicht mehr »Herr«, sondern zum Beispiel »Boss« oder »CEO« oder »General« oder »Verwaltungsratspräsident«. Manchmal ist die Macht, die uns bestimmt, gar keine Person, sondern eine Lobby, eine Droge, eine Ideologie oder eine fixe Idee.

Wenn ich das GEHEIMNISVOLLE ANDERE also unter heutigen Bedingungen gewohnheitsmäßig »Herr« nenne, dann gebe ich auf die Frage nach der Bedeutung meiner Existenz eine eigenartige Antwort, nämlich diese: Der SINN MEINER EXISTENZ und der SINN DES GANZEN ist ein unsichtbares männliches Wesen, das über mich bestimmt.

Aus drei Gründen plädiere ich für das Ende der Verkleidung GOTTES: Zum ersten: Ob sich die Anmaßung der Despoten durch einen alternativen Herrn, also innerhalb der Herrenlogik wirksam austreiben lässt, ist fraglich. Bis heute, so scheint es, ließ Unterdrückung sich so nicht beenden. Zweitens: In einer Zeit, in der illegitime Macht nur noch selten in Gestalt von Männern erscheint, die wir »Herr« nennen, sollten Menschen, die auf Sinnsuche sind, präziser sprechen. Drittens: Der Begriff »Herr« kann nicht, wie der Neutestamentler und Altbischof Ulrich Wilckens in einem Gutachten über die »Bibel in gerechter Sprache« schreibt, »totale, grenzenlose Souveränität«[2] ausdrücken, denn er hat unverkennbar ein Geschlecht, das der Souveränität Grenzen setzt.

---

1   In anderen Sprachen verhält es sich anders. Im Englischen ist »Lord« nach wie vor ein Ehrentitel, während ich zu meinem Nachbarn »Mister Miller« sage. Auch der französische »Seigneur« ist vom alltäglichen »Monsieur« unterschieden.
2   Ulrich Wilckens 2007, 78.

Glücklicherweise waren *alle* Herren bis heute nichts als dies: geborene, begrenzte, sterbliche Männer.

Wenn ich, was bis heute häufig vorkommt, in einem Sonntagsgottesdienst das LEBENDIGE INTER-ESSE dennoch unzählige Male »Herr« nennen soll,[3] dann muss ich lachen oder mich ärgern. Heute noch so von GOTT zu sprechen, ist ängstlich, denkfaul und bequem, denn wir wissen es längst besser. Schon lange ist die Vielfalt der Umschreibungen für das UNSICHTBARE UM-UNS-HER-SEIN wieder entdeckt. Wir können diese Vielfalt nutzen, um uns neu, befreiend, überraschend zum SINN DES GANZEN in Beziehung zu setzen.

---

[3] Vgl. z. B. Evangelisch-reformiertes Gesangbuch der deutschsprachigen Schweiz, Nr. 128 (Psalm 103).

> ✗ AUFHÖREN ZU LÜGEN

Es gibt viele Lügen in der Welt. Aber es gibt auch die Möglichkeit, mit dem Lügen aufzuhören.
Zum Beispiel habe ich aufgehört zu lügen, als ich öffentlich darüber zu sprechen anfing, dass ich gern im Haushalt arbeite.[1] Ich koche nicht nur gern, das ginge ja noch. Ich koche sogar gern allmittäglich für meine Familie. Und ich bügle auch gern, sogar die Hemden meines Ehemannes, solange es nicht zu viele sind. Als ich aufhörte zu glauben, freie Frauen (oder was man so nennt) dürften allenfalls für sich selber und für andere Frauen, nicht aber für einen Mann und für Kinder gern kochen und bügeln, fühlte ich mich gut. Denn ich erkannte, dass Freiheit dort beginnt, wo Frauen nicht alle dasselbe gern tun und lassen müssen. Und dass es für die eine Frau (oder was man so nennt) möglich ist, gern Bücher zu schreiben und gleichzeitig gern für eine Familie zu kochen, obwohl das für eine andere vielleicht nicht möglich ist. Ich erkannte, dass die Frage, ob ich eine Tätigkeit mag oder nicht, unabhängig davon ist, welchen Wert man dieser Tätigkeit in der patriarchalen Ordnung zuschreibt.

Lange hatte ich geglaubt, keine Freude an der Hausarbeit empfinden zu dürfen, weil viele Frauen dadurch, dass sie diese Arbeit gratis tun, arm und abhängig werden. Als ich aufhörte zu lügen, erkannte ich, dass ich den schlecht- oder unbezahlten Frauen nicht nütze, wenn ich behaupte, ich fände Tätigkeiten, die ich in Wahrheit sinnvoll und schön finde, sinnlos und unschön, bloß weil einige Leute sagen, sie gehörten zu einem nützlichen, aber nicht ernst zu nehmenden »Wesen der Frau«, und ich diesen Leuten das Gegenteil beweisen will. Wenn ich behaupte,

---

1   Die Voraussetzung dafür ist stets: ein gerecht arbeitsteilig organisierter Haushalt.

Abwaschen oder sonst eine im Patriarchat als »weiblich« und »niedrig« eingestufte Tätigkeit zu verabscheuen, obwohl ich sie in Wahrheit nicht verabscheue, gehorche ich vielmehr dem Patriarchat und schade meiner Freiheit. Die Tatsache, dass ich gern koche, bedeutet nämlich nicht, dass alle Frauen jetzt doch wieder von Natur aus gern kochen und dass sie es gratis tun müssen. Sie bedeutet einfach, dass es eine Möglichkeit im Leben ist, gern zu kochen. Dass Frauen »im Grunde« alle gleich sind,[2] dass deshalb, wenn eine etwas gern tut, alle anderen dasselbe von Natur aus auch gern tun müssen, ist die Lüge im Kern des Patriarchats. Gegen diese Lüge hilft es nicht, Hausarbeit weit von sich zu weisen. Es hilft auch nicht zu behaupten, dass Hausarbeit »nun einmal« – also grundsätzlich, gewissermaßen ontologisch – nicht sexy[3] sein könne. Das Patriarchat zu beenden bedeutet vielmehr, sich darüber klar zu werden, dass Menschen selbst entscheiden, was sie gern tun.

Als ich aufhörte zu lügen, erkannte ich auch, dass ich jahrelang etwas über alle Frauen behauptet hatte, das für mich selber, zum Beispiel, nicht zutraf. Diese Unterdrückung meines Eigensinns hatte ich »Solidarität« genannt. Ich hatte nicht nur verschwiegen, dass ich gern koche und bügle, ich hatte auch behauptet, alle Frauen würden in unserer Gesellschaft darauf zugerichtet, brav kochende und bügelnde Ehefrauen und sonst gar nichts zu werden. Und mit dieser Aussage hatte ich meine eigene Mutter verleugnet. Ich selbst bin nämlich in einem Haushalt aufgewachsen, der von drei bis vier Personen geführt wurde, und eine dieser Personen war meine Mutter, die gleichzeitig Hochschuldozentin und Hausfrau war und nie den geringsten Zweifel daran gelassen hat, dass sie ein ähnlich vielfältiges und erfülltes Leben auch ihren beiden Töchtern wünschte. Als ich aufhörte, die – manchmal – gut gemeinte Lüge von der Gleichheit oder Gleichbetroffenheit aller Frauen zu verbreiten, brachte ich also die Wahrheit meiner Mutter an den Tag.

Auch in unserer Eigenschaft als feministische Wissenschaftlerinnen haben wir zuweilen gelogen, um die Vorstellung von der Allgegenwart des

---

2 So neuerdings wieder: Eva Herman 2006.
3 So Alice Schwarzer in diversen Talkshows.

Patriarchats und von der Unterdrückung der Frau (oder was man so nennt) zu bestätigen. Andrea Günter schreibt dazu:

»Feministische Literaturwissenschaftlerinnen ... haben bis zu Beginn der 90er Jahre immer wieder behauptet, dass Frauen kaum Dramen geschrieben hätten. Diese Behauptung entspricht der von männlichen Literaten, die in ihren Texten kundtun, Frauen *könnten* keine Dramen schreiben. ... Die männliche Aussage, Frauen könnten keine Dramen schreiben, ist eine patriarchalische Lüge, die Frauen lange geglaubt haben, weil sie den Texten von Männern so sehr glauben, dass sie nicht einmal überprüfen, ob diese Aussagen Verschleierungen, Spekulationen oder Aussagen über die Realität, ob sie männliche Appelle und Aufforderungen an Frauen zu bestimmten Verhaltensweisen oder Beschreibungen des tatsächlichen Tätigwerdens von Frauen in der Welt sind.«[4]

Tatsächlich haben Frauen viele Dramen geschrieben. Frauen haben auch viel Theologie geschrieben. Mit dem Lügen aufzuhören bedeutet hier also zu tun, was Literaturwissenschaftlerinnen, Theologinnen und andere denkende Menschen ungefähr seit Beginn der Neunzigerjahre des vergangenen Jahrhunderts tun: Sie erkennen die Tatsache an, dass Frauen Dramen, Theologie und vieles mehr geschrieben haben und weiterhin schreiben. Und dann denken sie darüber nach, wo das wirkliche Problem liegt und wie es sich bearbeiten lässt. Das wirkliche Problem ist nicht die Sprach- und Geschichtslosigkeit der Frauen, sondern die im Patriarchat mangelnde Achtung gegenüber Frauenworten. Dieses Problem kann ich bearbeiten, indem ich anfange, mir selbst und anderen zuzuhören, statt patriarchale Lügen zu wiederholen, und sei es mit umgekehrtem Vorzeichen.

---

4 Andrea Günter 2000, 119–121 (Hervorhebung A. G.).

FASTENZEIT:
KLAR SEHEN UND WARTEN,
WAS KOMMT

SCHNEEFLOCKEN UND UHRMACHER
Über Freiheit

Auf dieser Welt, so behaupten Wissenschaftler, gibt es keine zwei identischen Sandkörner. Und auch jede Schneeflocke, die bis heute vom Himmel gefallen ist, sei ein Unikat, sagen sie. Interessant unvorstellbar finde ich das. Zwar kann ich es nicht beweisen. Wahrscheinlich kann es niemand beweisen, wie auch niemand beweisen kann, dass alle sechseinhalb Milliarden Erdenbürgerinnen und Erdenbürger samt sämtlichen Vormüttern und Vorvätern einzigartig sind oder waren. Dass es jeden Menschen nur einmal gibt, ist mir zwar als Gedanke schon vertrauter. Denn sogar die eineiigen Zwillinge, die ich kenne, sind, genau betrachtet, verschieden. Dass GOTT jedes Menschenkind nur einmal so und nicht anders geschaffen hat, habe ich im Religionsunterricht gelernt. Aber habe ich auch schon begriffen, was mein Herkommen aus dem unendlich vielfältigen LEBENDIGEN für mein Handeln im je einmaligen Hier und Jetzt bedeutet?

Die Klage, man könne nichts machen, und alles, was man in dieser verdorbenen Welt anfange, sei doch nur wie ein Tropfen auf den heißen Stein, ist verbreitet. Viele Leute scheinen zu glauben, sie seien leicht ersetzbare Rädchen in einem großen Getriebe. Tatsächlich hat man uns die Welt schon oft als einen Mechanismus erklärt, der, ungerührt von mir und meinen Wünschen, vor sich hin rattert, einzigartige Sandkörner und Schneeflocken hin oder her. Früher sagten einige Theologen, Gott habe das Uhrwerk Welt irgendwann einmal aufgezogen und seither laufe es ab. Heute spricht man eher von der unsichtbaren Hand des Marktes. Meistens meint man – heute meist unausgesprochen – unveränderliche Hierarchien mit: Das Geld, der Markt und ein paar mächtige

Damen und Herren funktionieren oben, ich in meinem Haus und in meinem Job unten. Was soll man solchen anonymen Mechanismen entgegensetzen?

Merkwürdig finde ich, dass die Denkmechaniker unserer Gegenwart die Welt einerseits als eine von Angebot und Nachfrage gesteuerte Maschine beschreiben, andererseits von »freiem Unternehmertum« und »unternehmerischem Handeln« sprechen. Entweder ist das ein Widerspruch, oder sie verstehen unter »Freiheit« und »Handeln« etwas anderes als ich und als die westliche Tradition. Kant, Fichte, Hegel samt ihren zahlreichen Vorgängern und Nachfolgern haben mit »Freiheit« nämlich nicht gemeint, dass jemand in einem Räderwerk aus Interessen und Bedarfslagen gewissermaßen automatisch in die eigene Tasche wirtschaftet. – Allerdings: Auch bei vielen ihrer Denkerkollegen entdeckt Hannah Arendt eine »Leidenschaft für reibungsloses Funktionieren«.[1] Bei allem Freiheitspathos ist auch mancher Philosoph, der sicher beleidigt wäre, wenn man ihn mit heutigen Kapitalisten in einen Topf werfen würde, nicht der Meinung, dass Menschen durch ihr Handeln etwas wirklich Neues in die Welt bringen können. Vielmehr halten sich seiner Auffassung nach viele Menschen zwar für frei, tun aber in Wirklichkeit, was ihr Hirn oder der Weltgeist oder was ihr Klassen- oder sonst ein höherer Standpunkt befiehlt.

Hätten die leidenschaftlichen Weltberechner recht, müssten sie allerdings auch voraussagen können, was mit der Welt in Zukunft passiert. Denn Maschinen funktionieren gleichförmig, bis sie kaputtgehen. Karl Marx und Friedrich Engels meinten, wie etliche Bosse von heute, sie seien wirklich dazu in der Lage. Und tatsächlich liest sich ihr Kommunistisches Manifest stellenweise wie eine treffsichere Beschreibung heutiger Zustände. Zum Beispiel hier:

> »In den Krisen bricht eine gesellschaftliche Epidemie aus, welche allen früheren Epochen als ein Widersinn erschienen wäre – die Epidemie der Überproduktion. Die Gesellschaft findet sich plötzlich in einen Zustand momentaner Barbarei zurückversetzt ... und warum? Weil sie zu viel Zivilisation, zu viel Lebens-

---

1 Hannah Arendt 1981, 214.

mittel, zu viel Industrie, zu viel Handel besitzt ... Die bürgerlichen Verhältnisse sind zu eng geworden, um den von ihnen erzeugten Reichtum zu fassen. – Wodurch überwindet die Bourgeoisie die Krise? Einerseits durch die erzwungene Vernichtung einer Masse von Produktivkräften; andererseits durch die Eroberung neuer Märkte, und die gründlichere Ausbeutung der alten Märkte ...«[2]

Vielleicht sollten wir die Bücher von Marx und Engels wieder einmal gründlich lesen, denn sie sind partiell aufschlussreich. Dass allerdings die Füße, auf die Marx und Engels die Theorie ihres Lehrers Hegel gestellt zu haben meinten, auch nicht wirklich auf dem Boden standen, ist den beiden entgangen. Das erstaunt mich nicht, denn intelligente weibliche Subjekte waren für sie unvorstellbar – wie auch für ihre Väter und Vorväter bis zurück zu Sokrates, den allerdings Diotima das Denken gelehrt haben soll.

Intelligente weibliche Subjekte liegen auch heute noch außerhalb des Denkhorizonts vieler Menschen, weshalb Frauen (oder was man so nennt) inzwischen gemerkt haben, dass Nachdenken allein, wie schon Marx und Engels wussten, zu wenig bewegt. Was tun die Frauen also? Sie handeln. In Scharen verlassen sie den nur vermeintlich sicheren Hafen der Ehe und richten sich zwischen allem, was einst als anständig galt, neu ein. Provisorische Begriffe wie »Single« oder »alleinerziehende Mutter« benennen sicher nur unvollkommen, was in solchen neuen Lebensformen an SINN schlummert oder schon erwacht ist. Indem Frauen (oder was man so nennt) neuerdings selbst entscheiden, mit wem sie wo und wie lange zusammenleben, ob sie Kinder gebären und großziehen wollen, und wenn ja, wie viele, bringen sie vieles in Ordnung. Inzwischen fragen sich etliche Politikerinnen und Politiker, woher sie unter diesen anderen Umständen die jungen Leute nehmen sollen, die in ein paar Jahren die Renten für die alten Leute bezahlen werden. Vielleicht sollten diese sogenannten Politikerinnen und Politiker einfach einmal über Freiheit nachdenken?[3]

---

2   Karl Marx, Friedrich Engels 1973, 40f.
3   Vgl. Antje Schrupp 2007.

Natürlich lässt sich auch das Welt verändernde Handeln der Frauen als subjektloses Funktionieren vieler kleiner Rädchen in der Maschine Gesellschaft erklären, zum Beispiel so: Gern hätte sie mehr Kinder gehabt, wenn nur die Verhältnisse nicht so kinderfeindlich wären. Oder so: Es ist der wirtschaftliche Abschwung, der mich zwingt, einen neuen Beruf zu lernen. Und gäbe es steuerliche Anreize, würde ich keinen Zentimeter von altgewohnten Rollen abrücken. In derselben Logik weiter gedacht wäre der Papst der Urheber der Feministischen Theologie, denn gäbe es ihn nicht, so gäbe es auch sie nicht. Und das partiell patriarchal programmierte Nobelpreiskomitee wäre die Ursache dafür, dass Frauen die Initiative »1000 Frauen für den Friedensnobelpreis«[4] in die Welt setzen mussten. – Als wäre diese Initiative als solche nicht mehr wert als hundert Nobelpreise.

Dass viele Menschen noch dazu neigen, ihr Handeln als Re-Aktion zu erfahren, ist logisch. Denn zum einen ist es in einem mechanistischen Denkklima grundsätzlich schwierig, sich die Welt nicht als Maschine, sondern als einen Freiraum vorzustellen, in dem unvorhergesehene Dinge – Wunder – geschehen. Zum anderen haben die Frauen in vielen hundert Jahren Patriarchat gelernt, dass, selbst wenn es Freiheit geben sollte, sie bestimmt denen da oben – Gott, Papst, Kaiser, Ehemann, Chef, Unternehmer, Politik, Globalisierung, Neoliberalismus – gehört, sie selbst also höchstens zurückschlagen können. Hat man nicht schon vor ungefähr zweitausenddreihundert Jahren gewusst, dass »das Männliche ... ranghöher und göttlicher ist«, weil es als »Bewegungsursprung ... in allem Werdenden liegt, während der Stoff das Weibliche ist«?[5] Wie sollte Stoff, Materia, das Unbewegliche zum »Bewegungsursprung« werden?

Es ist ein Abenteuer, die Welt anders zu denken: nicht als ratternde Maschine und nicht als unveränderliches Oben und Unten. Zwar kann ich nicht beweisen, dass die Welt wirklich dieser Freiraum ist, den ich mir wünsche, in dem sechseinhalb Milliarden einmalige Menschen täglich Neues schaffen und gemeinsam in eine offene Zukunft unterwegs sind.

---

4   www.1000peacewomen.org
5   Aristoteles 1981, 72.

Aber dass die Welt ein Mechanismus ist, kann ich auch nicht beweisen. Hingegen weiß ich inzwischen gut, dass mein Leben sich besser anfühlt, wenn ich die Flocken, die vor meinem Fenster wirbeln, nicht als langweiliges Längstbekanntes, sondern als wundersamen Tanz wahrnehme, in dem es keine Wiederholungen gibt. Zwar fallen letztlich alle Flocken nach unten. Bestimmte Gesetze der Natur wird auch mein schöpferisches Tun nicht aus der Welt schaffen: Vor ungefähr einundfünfzig Jahren hat meine Mutter mich geboren und irgendwann werde ich sterben. Zwischen Geburt und Tod aber bin ich und sind alle Menschen frei, »das Neue, das in die Welt kam, als sie geboren wurden, handelnd als einen neuen Anfang in das Spiel der Welt zu werfen.«[6] Weshalb sollte ich mich, mangels Beweisen für fast alles, nicht als frei in Bezogenheit[7] wahrnehmen, wenn es mir und der Welt gut tut?

Dass Freiheit und Handlungsfähigkeit nicht »Unabhängigkeit von allen anderen«[8] meinen, muss man Frauen kaum erklären, denn das wissen sie schon. Es scheinen auch eher Männerphilosophen zu sein, die kürzlich auf eine erstaunlich pathetische Art den uralten Streit um eine irgendwie überirdische Freiheit wieder aufgewärmt haben, von der die Zunft der Hirnforscher entdeckt zu haben glaubt, dass es sie nicht gibt.[9] Woher der Eifer, da doch längst klar ist, dass Freiheit nicht irgendwo oben außen, sondern in geborenen Geistkörpern wohnt, die täglich, ob sie wollen oder nicht, Neues in die Welt bringen? – Vielleicht ist es kein Zufall, dass es kein Mann war, der vor ungefähr fünfzig Jahren das unheroische, das realistische Verständnis von Freiheit, wie wir es eigentlich schon aus der Bibel kennen könnten, wieder entdeckt hat.

Ich meditiere es täglich, damit ich es nicht mehr vergesse: das Einzigsein von Sandkörnern und Schneeflocken, von Geburten, Geborenen, Situationen, Tagen und Taten. Es macht mich froh, obwohl es auch anstrengend ist zu wissen, dass ich der Freiheit, die das LEBENDIGE in mich gelegt hat, nicht entkomme, solange ich in der Welt bin.

---

6   Hannah Arendt 1981, 199.
7   Ina Praetorius Hg. 2005.
8   Hannah Arendt 1994, 213.
9   Vgl. dazu z. B. Wolf Singer 2003.

> # UNTERWEGS IN EINE WOHNLICHE WELT
Für Immanuel Kant

Zwei der epochalen Sätze, mit denen Immanuel Kant im Zeitalter der Aufklärung moralisches Handeln diesseits von religiösen Überzeugungen zu begründen versucht hat, heißen so:

> »Handle nur nach derjenigen Maxime, durch die du zugleich wollen kannst, dass sie allgemeines Gesetz sei.«[1]

und

> »Der Mensch und überhaupt jedes vernünftige Wesen existiert als Zweck an sich selbst, nicht bloß als Mittel zum beliebigen Gebrauche für diesen oder jenen Willen …«[2]

Diese Sätze ließen sich durchaus so auslegen, dass aus ihnen eine weltumspannende Menschenfreundlichkeit resultieren könnte. Dereinst wird man sie bestimmt so deuten. Vorerst aber hat man vor allem aus ihnen gefolgert, dass eine Handlung umso moralischer ist, je weniger Gefühl, Geschichte und Kontext ihr beigemischt sind. Tatsächlich haben ungezählte Philosophieprofessoren an ihrem großen Lehrer Kant vor allem seine Fähigkeit bewundert, Moral diesseits metaphysischer Unbeweisbarkeiten als messerscharfe Mathematik zu verstehen. Obwohl Kant selbst auch viel Interessantes über die Beteiligung von

---

1 Immanuel Kant, Grundlegung zur Metaphysik der Sitten, in: Sämtliche Werke Bd. 2, 433.
2 Ebd. 438.

Gefühlen an moralischen Entscheidungen geschrieben hat,[3] wurde in seinem Gefolge die Ethik jahrhundertelang als eine Art Übung im unpersönlichen Denken gelehrt, zum Beispiel so: Wenn ich links des Gleichungszeichens für die Variable x den Satz »Die Schweiz gehört den Schweizern« einsetze, einen Satz, der als solcher nicht im Widerspruch zum Satz von der unverlierbaren Würde aller Menschen steht, dann kommt logischerweise rechts als Ergebnis heraus, dass, wer keinen Schweizer Pass besitzt, im Prinzip nicht in dieses Land gehört und daher der Ordnung halber weggeschickt werden sollte, egal, wie es ihm oder ihr geht und welche Geschichte sie oder er zu erzählen hat. Der Witz bei mathematischen Gleichungen ist ja gerade, dass sie von der wirklichen Wirklichkeit absehen. Und wir alle haben in der Schule gelernt, dass Mathematik irgendwie viel wichtiger ist als zum Beispiel Kunst oder Geschichte, dass also besonders gescheit ist, wer möglichst gut von tatsächlichen Geschichten abstrahieren kann.

Natürlich wissen die meisten, dass es in Wirklichkeit anders ist. Zu Hause, als Kinder, bei Mutter, Großvater und Tante nämlich hat man gelernt, dass Mitgefühl mindestens so viel wert ist wie korrektes Ausrechnen, dass vom guten Zuhören viel abhängt und ich anderen nur gerecht werde, wenn ich ihre Geschichte und ihre Geschichten kenne. – »Ja natürlich,« meinen dazu der Philosophieprofessor und der Herr vom Amt, »zu Hause in der Familie, da gelten eben *ganz andere* Gesetze. Meine Frau und meine Kinder liebe ich schließlich, und das ist etwas *ganz Anderes*. Im öffentlichen Leben aber braucht es vor allem Ruhe und Ordnung, und beides entsteht durch mannhaft unbestechliche Vernunft, die selbstverständlich auch von modernen Damen praktiziert werden kann. Wo kämen wir denn sonst hin?«

Ja wo kämen wir denn wohl hin, wenn im philosophischen Seminar und im Amt für Migration nicht nur das korrekte Rechnen, sondern auch das aufmerksame Zuhören, ja sogar das Mitweinen und Mitlachen als vernünftig gelten würden? Wenn wir nicht diese ängstlichen Grenzen ziehen würden zwischen privaten und öffentlichen Angelegenheiten, zwischen den Eigenen und den Fremden? Wenn man verstehen

---

3 Vgl. z. B. Ursula Pia Jauch 1988.

würde, dass es jede menschliche Geschichte nur ein einziges Mal gibt, dass Mathematik also nicht weiterhilft, wenn es darum geht, angemessen zu handeln, sprich: einem einmaligen Würdeträger, einer unverwechselbaren Mitweltbürgerin gerecht zu werden?

Ich glaube, wir kämen genau dort hin, wo Immanuel Kant mit seinen starken Sätzen im Grunde hinwollte: in eine wohnliche Welt, in der Frauen und Männer und Kinder, egal, woher sie kommen, keine Angst mehr voreinander haben müssen, weil man endlich verstanden hat, was schon in der Bibel steht:

Da schuf Gott Adam, die Menschen, als göttliches Bild, als Bild Gottes wurden sie geschaffen, männlich und weiblich hat er, hat sie, hat Gott sie geschaffen.
(Gen 1,27)

> # ES IST NOCH NICHT ERSCHIENEN, WAS WIR SEIN WERDEN
> ## Ein Brief an Papst Benedikt XVI.

Lieber Herr Ratzinger,
endlich habe ich mir Zeit genommen, Ihre berühmte »Regensburger Vorlesung«[1] zu lesen, über die in den vergangenen Monaten so lebhaft diskutiert wurde. Sie gefällt mir. In vielem haben Sie recht. Und die Art, wie Sie einer breiten Öffentlichkeit komplizierte geistesgeschichtliche Zusammenhänge vermitteln, beeindruckt mich. – Allerdings gibt es, wie Sie sich denken können, einige Punkte, an denen wir uns voneinander unterscheiden. Insbesondere Ihren Begriff von »Vernunft«, der ans Weltbild der griechischen Antike anschließt, und das damit verbundene Verständnis von unveränderlicher christlicher Wahrheit finde ich problematisch. Ich möchte Ihnen in diesem Brief meine Gedanken zu Ihrer Vorlesung mitteilen und hoffe, damit ein fruchtbares Gespräch in Gang zu bringen.

Sie haben recht: Eine Vernunft, »die dem Göttlichen gegenüber taub ist und Religion in den Bereich der Subkulturen abdrängt, ist unfähig zum Dialog der Kulturen.« Auch ich bin überzeugt, dass muslimische Gläubige, die uns westliche Menschen als »die Ungläubigen« bezeichnen, uns damit etwas Wichtiges mitteilen. Sie wollen uns sagen: Die Menschheit kann nicht in Frieden zusammenleben, wenn nicht all die Milliarden Leute, die in immer neuen Generationen zusammen mit unzähligen anderen Lebewesen die eine Erde bewohnen, sich der Frage nach dem SINN DES GANZEN zuwenden, und zwar öffentlich.

---

[1] Joseph Ratzinger 2006. Die im Brief in Klammern gesetzten Seitenzahlen beziehen sich auf diesen Text.

Sie sind überzeugt, der SINN DES GANZEN werde in dem »tiefe(n) Einklang zwischen dem, was im besten Sinne griechisch ist und dem auf der Bibel gründenden Gottesglauben sichtbar« (3). »Das Zusammentreffen der biblischen Botschaft und des griechischen Denkens,« so schreiben Sie, »war kein Zufall« (3). Vielmehr habe GOTT selbst uns Menschen in dieser »gegenseitigen Berührung« (3) etwas mitteilen wollen, das bis heute gilt und auch in Zukunft gelten wird, nämlich dies: »Nicht vernunftgemäß handeln, ist dem Wesen Gottes zuwider« (2). Auch ich bin überzeugt: GOTT kann, zum Beispiel, nicht wollen, dass wir einander beschimpfen oder maßregeln oder gar töten, nur weil wir verschiedenen Traditionen angehören. Insofern hat sich GOTT laut dem christlichen Verständnis von Offenbarung tatsächlich in gewisser Weise an das gebunden, was wir Menschen »Vernunft« nennen.

Wenn ich nur Ihre Regensburger Rede kennen würde und sonst nichts von Ihnen wüsste, dann wäre ich jetzt fast begeistert. Denn ich glaube, dass es heute Menschen braucht, die, wie Sie, mit Autorität sagen: Eine Vernunft, die die Frage nach dem SINN ins Reich subjektiver Meinungen einschließt, verfällt »der Beliebigkeit ... und ... reicht ganz einfach nicht aus« (6). – Stutzig machen würde mich allerdings die Nostalgie, mit der Sie auf »die Zeit der alten Ordinarien-Universität« (1) zurückblicken, in der, wie Sie sich erinnern, »ein wirkliches Erleben von Universitas« (1) noch möglich war. Ich war damals, im Jahr 1959, als Sie in Bonn Theologie lehrten, drei Jahre alt. Es war die Zeit der Restauration des bürgerlichen Patriarchalismus. Meine Mutter lehrte damals zwar auch an einer Hochschule, aber als eine von sehr wenigen Frauen. Und sie lehrte nicht Theologie, sondern Musik. An der Theologischen Fakultät in Bonn gab es damals noch keine Frauen. Erst zehn Jahre später, im Jahr 1969, wurde dort Helen Schüngel-Straumann als erste Frau promoviert. Sie erzählt von ihrem Studium im Tübingen der frühen Sechzigerjahre:

> »Ich war damals weit und breit das einzige Mädchen. Frauen, die Volltheologie studierten, gab es nicht ... Meine Zwischenprüfung musste ich zusammen mit Priesteramtskandidaten ablegen, aber ich sollte irgendwie räumlich von ihnen getrennt und doch im gleichen Raum sein. Es wurde dann so eine Art spanische

Wand aufgestellt, und ich musste ganz hinten an einem Extratisch sitzen. Man wusste einfach nicht, was man mit mir machen sollte.«²

Ich wundere mich, dass Sie diese Jahre als eine Zeit erlebt haben, in der »wir ... ein Ganzes bilden und im Ganzen der einen Vernunft mit all ihren Dimensionen arbeiten und so auch in einer gemeinschaftlichen Verantwortung für den rechten Gebrauch der Vernunft stehen«(1) konnten. Kann eine Universität das »Ganze der einen Vernunft« abbilden, wenn sie Frauen, die eine theologische Prüfung ablegen wollen, hinter spanischen Wänden verbirgt? Noch heute sind Sie überzeugt, dass man Frauen nicht zum katholischen Priesteramt zulassen darf, und Sie setzen diese Überzeugung, die Ihrer Meinung nach im göttlichen *Logos* begründet ist, mit aller Strenge, um nicht zu sagen mit Gewalt durch. Wie verhält sich solcher Zwang zur Vernunft? Kann sich die naturgemäße Vernunft, von der Sie sprechen, wenn sie denn vernünftig ist, nicht ohne Zwang Raum schaffen? Sie zitieren den christlichen Kaiser Manuel II. in Ihrer Rede doch im Sinne eines gewaltlosen Vorbilds für den Ihrer Meinung nach gewalthaltigen Islam: »Wer ... jemanden zum Glauben führen will, braucht die Fähigkeit zur guten Rede und ein rechtes Denken, nicht aber Gewalt und Drohung ...«(2).

Sie merken es schon und es ist Ihnen auch längst bekannt: Ich habe nicht nur Ihre Regensburger Rede gelesen, sondern weiß mehr über Sie. Zum Beispiel weiß ich, dass Ihr Eindruck, die alte Ordinarienuniversität habe universellen Geist geatmet, obwohl in ihr Angehörige des weiblichen Geschlechts noch nichts zu sagen hatten, auch »kein Zufall« (3) ist. Ihrem, dem hellenistischen Vernunftbegriff ist es nämlich eingeschrieben, dass Frauen das theologische Denken Männern überlassen sollen. Schon der von Ihnen verehrte Platon meinte zu wissen:

»Viele Frauen mögen zwar in vielem besser sein als viele Männer ..., im ganzen ... aber ist das Weib schwächer als der Mann.«³

---

2   Gerburgis Feld u. a. (Hgg.) 1998, 115.
3   Platon, Der Staat o. J., 146.

Nicht nur dem angeblich schwachen weiblichen Geschlecht haben die Denker der griechischen Klassik einen unverrückbaren Ort zugewiesen. Die Welt als Ganze erschien ihnen als eine Art Pyramide, in der alles, vom Sklaven bis zum Gott, vom Hausherrn bis zum Haustier wusste, wohin es gehörte und was es zu tun hatte: Sklavinnen arbeiten (und werden auch mal von ihrem Herrn vergewaltigt, falls ihm danach ist), Herren befehlen. Frauen gebären Kinder, Männer machen Staat. Türkinnen putzen das Gemeindehaus, Päpste sagen die Wahrheit, zum Beispiel über Türkinnen und Theologiestudentinnen. – Möglicherweise meinen Sie ja etwas anderes, wenn Sie von »dem, was im besten Sinne griechisch ist«(3), sprechen? Was aber meinen Sie, wenn nicht die hierarchisch geordnete Welt, an der selbst DER LEBENDIGE GOTT nichts mehr ändern kann und in deren oberster Etage sich damals die freien Männer Athens einrichteten, als deren Nachfolger Sie sich zu verstehen scheinen? – Sagen Sie jetzt bitte nicht, Sie seien doch, wie Jesus, unser aller Diener. Solcherart paternalistische Heuchelei ist längst durchschaut und nicht mehr erträglich.

Auch wenn ich mit Ihnen einig bin, dass eine sinnvergessene Vernunft »für die Menschheit gefährlich«(6) ist, so bin ich doch meinen aufgeklärten Vorfahrinnen und Vorfahren dankbar, dass sie die »neuzeitliche Selbstbeschränkung der Vernunft, wie sie in Kants Kritiken klassischen Ausdruck gefunden«(5) hat, in Gang gebracht haben. In diesem *anderen* Vernunftbegriff der europäischen Aufklärung steckt zwar, da haben Sie recht, die Gefahr der Beliebigkeit. Er eröffnet aber auch die Möglichkeit, diesseits von vermeintlichen metaphysischen Gewissheiten neu über die Beschaffenheit der Welt und den SINN DES GANZEN nachzudenken. Martin Luther, Immanuel Kant und Adolf von Harnack mögen zwar noch ähnlich über das weibliche Geschlecht gedacht haben wie Sie. Dennoch haben sie, zusammen mit vielen gelehrten Frauen, ein Gespräch in Gang gesetzt, an dem ich heute teilnehme, ohne mich ständig gegen die vermeintlich vernünftige Zuschreibung zur Wehr setzen zu müssen, ich sei von Gott und der Natur zum Stillschweigen bestimmt. Ohne die Vernunftkritik der Aufklärung, die sich je länger je mehr, wie Sie richtig sagen, im Sinne einer »Enthellenisierung des Christentums«(4) auswirkt, wäre es mir nicht möglich zu unterscheiden zwischen den zeitgebundenen Auffassungen bestimmter griechischer

Denker und dem vernünftigen SINN DES GANZEN, zu dem wir täglich neu gemeinsam unterwegs sind. Dieser SINN, die FÜLLE GOTTES, kommt immer neu auf uns zu, überrascht uns, treibt vermeintliche Sicherheiten aus, stößt Mächtige vom Thron, lässt uns aufstehen und gibt Frauen die Freiheit, die Welt so zu nähren, wie es ihnen gegeben ist: als Mutter *und* als Gelehrte, als Prophetin, Mystikerin *oder* als Priesterin. Göttliche GEISTKRAFT, da bin ich mir sicher, weht auch schon durch die Mauerritzen des Vatikans. Sie überspringt mit Leichtigkeit das nur partiell vernünftige Weltbild der alten Griechen, um uns als LIEBENDES INTER-ESSE aneinander und an einer friedlichen Welt immer neu entgegenzukommen.

Lieber Herr Ratzinger, auch Sie scheinen es zu ahnen: »Die LIEBE übersteigt die Erkenntnis und vermag daher mehr wahrzunehmen als das bloße Denken (vgl. Eph 3, 19) ...«(4).

Um den dynamischen Geist der saraitisch-abrahamitischen Traditionslinie, der sich auch in Ihren Worten zuweilen Gehör verschafft, neu zu entdecken, braucht es heute und braucht es für einen fruchtbaren Dialog der Kulturen zunächst genau dies: die »Enthellenisierung des Christentums«(4). Und dann braucht es den Begriff einer geburtlich sinnhaltigen Vernunft, der sich diesseits der metaphysischen Spekulationen der griechischen Antike ansiedelt. Diesen Vernunftbegriff gibt es noch nicht, aber er ist im Entstehen. Denn mit GOTTES Hilfe arbeiten viele Frauen und Männer an diesem Zukunftsprojekt, zum Beispiel die Übersetzerinnen und Übersetzer der »Bibel in gerechter Sprache«.[4]

Ich freue mich auf Ihre Antwort und grüße Sie herzlich
Ina Praetorius
Wattwil, 2. Mai 2007

---

4   Ulrike Bail u. a. (Hgg.) 2006.

> # WIE WASSER FLIESSE DIE POLITIK
> ## Zu Am 5,24

Das Wort »Politik« kommt in der Bibel nicht vor. Es stammt aus dem anderen Kulturkreis, der oft als die »Wiege des Abendlandes« bezeichnet wird: der griechischen Antike. Im Allgemeinen ist dort mit »Politik« die Kunst gemeint, eine Stadt oder einen Staat gut zu verwalten. Ob »gut« vor allem bedeutet, dass die Bewohner des Gemeinwesens ruhig gestellt werden oder dass sie ihre Konflikte geregelt austragen, dass alle genug zu essen haben oder dass sie äußere Feinde militärisch in Schach halten, um selbst in Sicherheit leben zu können, darüber wird ausführlich debattiert.

Zwar sind auch die Texte des Neuen Testaments in griechischer Sprache aufgeschrieben worden und in einem multikulturellen Umfeld entstanden, in dem sich jüdische Traditionen mit hellenistischen, römischen, altorientalischen und vielen anderen Einflüssen mischten. Dennoch kommen zentrale Begriffe der griechischen Philosophie, mit denen wir heute wie selbstverständlich beide Testamente auslegen – neben »Politik« zum Beispiel auch »Theorie«, »Theologie«, »Ethik« oder »Ökonomie« – hier nicht vor.
Weshalb bezeichnen viele Leute die Bibel dennoch als ein politisches Buch?

Staatstheorie im Sinne der Debatten, die vor allem in der griechischen Klassik den Begriff des Politischen geprägt haben, ist in der Bibel kaum ein Thema. Zwar äußern sich auch die Prophetinnen und Propheten zur Frage, was ein guter König sei oder wie man Gesetze auslegen soll. Ihr Ziel ist aber nicht eine Theorie des Staates. Vielmehr wollen sie in bestimmten Situationen sagen, was dem guten Zusammenleben der

Menschen hier und jetzt dient. Dabei berufen sie sich auf GOTT und die anfängliche gute Weisung des LEBENDIGEN: die Tora. Dass sie gutes Zusammenleben nicht als Mechanismus, sondern als einen ununterbrochenen Fluss aus unwiederholbaren Handlungen auffassen, hat der Prophet Amos exemplarisch in Worte gefasst:

> ... es ströme wie Wasser das Recht, und die Gerechtigkeit wie ein unversieglicher Bach. (Am 5,24)[1]

Zwar haben auch die Prophetinnen und Propheten, wie die griechischen Philosophen, oft nur das Wohl ihres eigenen Volkes im Blick, also keineswegs alle Menschen. Das führt dazu, dass wir Heutigen, die wir in menschenrechtlichen Kategorien zu denken gelernt haben, oft erstaunt sind über die Diskrepanz zwischen guten Weisungen, zum Beispiel dem allgemeinen Tötungsverbot (Dtn 5,17 u. a.), und der Brutalität vieler biblischer Geschichten. Oft werden grausame Gemetzel von den Wortführern nämlich nicht kritisiert, sondern befürwortet oder sogar ausgeübt – im Namen Gottes (vgl. z. B. 1 Kön 18,40).

Dass MACHT IN BEZIEHUNG sich letztlich doch auf das gute Zusammenleben aller Frauen, Männer und Kinder, sogar aller Lebewesen ausrichtet, ist trotzdem immer wieder von ferne erkennbar: In der Schöpfungsgeschichte schafft GOTT nicht bestimmte Menschen, sondern den Menschen, Frau und Mann, nach GOTTES Bild – in eine Natur hinein, die SIE sehr gut findet (Gen 1,1–2,4). Und das Tötungsverbot, so parteiisch es bis heute ausgelegt werden mag, bleibt dennoch als allgemeines Gebot bestehen und löst als solches immer wieder zukunftsschwangere Diskussionen aus über die Frage, warum man eigentlich so viele Ausnahmen macht. Solche Debatten werden schon in der Bibel selbst geführt (vgl. z. B. Mt 5,21–26), und sie sind politisch, auch wenn das Wort selbst nicht vorkommt. Sie zielen zwar nicht auf eine allgemeine Theorie staatlichen Handelns, wohl aber auf dessen Sinn und Zweck. Denn welchen anderen Sinn sollte Staatskunst haben, als immer wieder neu immer wieder neuen Menschen in immer neuen Situationen zu ermöglichen, dass sie gut zusammenleben?

---

1   Die Heilige Schrift des Alten und des Neuen Testaments (Zürcher Bibel), Zürich 1980.

Auch den meisten heutigen Politikerinnen und Politikern ist klar, dass der Sinn ihres Tuns darin besteht, eine wohnliche Welt für alle Erdenbürgerinnen und Erdenbürger zu gestalten. Anders als in der Antike und im Mittelalter gibt es heute sogar überall demokratische Verfassungen, in denen festgelegt ist, dass Politik nicht zum bloßen Machterhalt betrieben werden darf, sondern dem Gemeinwohl zu dienen hat. Im Eifer politischer Alltagsgeschäfte, im Gestrüpp der Regeln und Gesetze, der Interessen, Ideologien, Wahlkämpfe gerät dieser SINN DES GANZEN dennoch oft ins Abseits. Ohne sich darüber Rechenschaft abzulegen, fängt man dann an, Politik um ihrer selbst oder um der eigenen Karriere willen zu betreiben.

Ich kenne viele Jugendliche, die Politik langweilig finden, weil ihnen noch niemand erklärt hat, dass es da um ihr eigenes gutes Leben und nicht um spitzfindige Rechenübungen oder medienwirksame Inszenierungen von Personen und Parteien geht.

Vielleicht ist es deshalb gut und vielleicht wäre ausdrücklich wieder zu entdecken, dass in der Bibel zwar nicht der Begriff »Politik«, aber das vorkommt, worum es in der Politik gehen sollte: das unaufhörliche Verhandeln über die Frage, wie ganz verschiedene Leute gut zusammen leben können. Keine noch so gute Verfassung und keine Staatstheorie werden nämlich jemals erreichen, dass man die Verhandlungen für beendet erklären kann. Denn täglich bringen neu geborene Menschen noch nie da gewesene Wünsche und Ideen zur Welt. Dass die Prophetinnen und Propheten Israels nicht an Staatstheorie und nicht an immer mehr Gesetzen interessiert waren, sondern an der Frage, wie bestimmte Leute hier und jetzt nach dem Willen der LEBENDIGEN ihr Zusammenleben gestalten können, ist weise. Denn nicht wenn man alles perfekt organisiert haben wird, werden die Milliarden Würdeträgerinnen und Würdeträger, die gemeinsam den Planeten Erde bewohnen, gut leben. Gut leben werden sie, wenn sie sich ungefähr auf eine Vorstellung geeinigt haben, was gutes Leben ist. Und wenn sie dann, bezogen auf diese gemeinsame Idee, unverdrossen als Verschiedene über konkrete Gestaltungswünsche verhandeln.

In der Bibel heißt der gemeinsame Bezugspunkt, in dem ALLES GUTE (Mk 10,18) zusammenfindet, GOTT oder GOTTES Weisung. Inzwischen haben Menschen Begriffe wie »Menschenwürde« oder »Kreaturwürde«[2] erfunden und die Menschenrechte formuliert. Das ist gut. Aber noch immer gibt es Leute, die lieber GOTT sagen, wenn sie den INBEGRIFF DES GUTEN meinen. Warum? – Die Einen sagen GOTT, weil sie nicht den Menschen, sondern nur einem allmächtigen Herrn im Himmel zutrauen, die Welt in Ordnung zu bringen. Die Anderen, weil sie ahnen, dass DAS GUTE immer größer und weiter ist als ein allgemeines Prinzip: DIE LIEBE (1 Joh 4,8) übertrifft jedes Gesetz – weshalb Politik jeden Morgen wie neu geboren beginnt.

---

2   Heike Baranzke 2002, Ina Praetorius 2000, 97–137.

> # WOZU BRAUCHEN WIR DAS ALLES?
> Bioethik weiterdenken

Im Jahr 1985 stellte die Sozialwissenschaftlerin Maria Mies auf einem Kongress »Frauen gegen Gen- und Reproduktionstechnik«[1] in Bonn eine wichtige Frage: »Wozu brauchen wir das alles?«[2] Mit »dem allen« waren die vielen neuen Wahlmöglichkeiten gemeint, die man Frauen und anderen Menschen schon damals in Aussicht stellte: mit sechzig noch Kinder gebären, Babys von Leihmüttern austragen lassen, die gewünschten Eigenschaften des Nachwuchses vor der Retortenzeugung bestimmen, Föten im Mutterleib screenen, untersuchen und therapieren, Organe aus Tieren in Menschen implantieren, sich klonen lassen, frostresistente Erdbeeren, schädlingsresistenter Mais, eiweißangereicherter Fisch ...

Maria Mies stellte eine Frage, die nicht an Aktualität verliert: Wozu brauchen wir das alles?

Schon im Rahmen früherer Debatten, vor allem derjenigen um die Atomtechnologie, hatten nachdenkliche Menschen sich abgewöhnt, neue Techniken allein deshalb für gut zu halten, weil sie da sind oder in den Bereich des Möglichen rücken. Schon in den Sechzigerjahren war einer breiten Öffentlichkeit deutlich geworden, dass man die Naturwissenschaften samt ihrem Vermarktungsapparat nicht als menschenfreundliche Unternehmung anerkennen muss, bloß weil sie selbst von sich behaupten, sie seien eine.[3] Längst war uns Feministinnen klar geworden, wie stark patriarchale Sehschwächen und Interessen den

---
1 Die Grünen im Bundestag 1986.
2 Ebd. 44ff.
3 Mary Daly 1986; Evelyn Fox Keller 1986; Sandra Harding 1994 u. a. m.

wissenschaftlich-industriellen Komplex prägen. Einer Frauenbewegung, die von Diskussionen um Schwangerschaftsabbruch, Gewalt gegen Frauen, Hausfrauenarbeit und internationale Bevölkerungspolitik geprägt war, fiel es zum Beispiel nicht schwer, das angeblich zentrale Motiv der Reproduktionsmediziner, Frauen von der »Krankheit« Kinderlosigkeit[4] heilen zu wollen, als Vorwand zu erkennen, hinter dem sich diverse Profit- und Kontrollinteressen verbargen. Schon früh haben kritische Denkerinnen in der damals entstehenden neuen Disziplin »Bioethik« grundsätzliche Fragen gestellt, die weit über das gängige Abwägen von »Chancen und Risiken« hinausreichten.

Auch Theologinnen waren 1985 in Bonn dabei. Sie bezeichneten die gängige Bioethik als »Hofethik«:[5] Schon indem die Bioethiker die zur Debatte stehenden Probleme »Missbräuche« nennen würden, bekräftigten sie nämlich unter der Hand die unbewiesene Behauptung, die neuen Technologien als solche seien, abgesehen von einzelnen Auswüchsen, gut. Die Theologinnen plädierten stattdessen dafür, sich der Problematik eines unkritischen »ethischen« Absegnens der neuen technischen Möglichkeiten bewusst zu werden. Es gelte die Blickrichtung zu ändern: Wer nämlich nicht von vornherein die Weltsicht seiner interessierten Auftraggeber übernehme und daher Fragen nach globaler Ressourcenverteilung, nach Männlichkeits- und Mütterlichkeitsideologien und der Normierungsmacht der Apparatemedizin systematisch ausblende, verliere schnell das Vertrauen in die Lebensdienlichkeit des sogenannten wissenschaftlichen Fortschritts.

Statt nun aber aufgrund solcher Analysen die Technologien frontal anzugreifen, kamen die Theologinnen auf die Grundfrage nach dem SINN DES DASEINS zu sprechen: »Was bedeutet Leben? Was bedeutet Tod? ... Warum sollen Frauen gebären? Warum sollen Menschen geboren und nicht hergestellt werden?«[6] Nur wer auf solche Fragen eine Antwort weiß, kann nämlich schließlich mit guten Gründen entscheiden, ob wir das alles brauchen. – Mit ihrem Fragen nach dem SINN DES GANZEN setz-

---

4   Die Grünen im Bundestag 1986, 106f.
5   Vgl. z. B. Ina Praetorius 1987, 155f.
6   Die Grünen im Bundestag 1986, 95.

ten sich die Theologinnen im Jahr 1985 allerdings noch zwischen alle Stühle, denn Sinnsuche, so waren auch die meisten Feministinnen in den Achtzigerjahren noch überzeugt, gehört nicht in die Öffentlichkeit, sondern in die Privatsphäre. Zwar hatte die Frauenbewegung den Slogan »Das Private ist politisch« erfunden und auf ihre Fahnen geschrieben. Dass mit dem Privaten, das politisch werden sollte, auch die »religiöse« Frage nach dem SINN DES LEBENS gemeint sein könnte, dass also der Slogan auch eine Neubewertung des sogenannten religiösen Überbaues einschloss, lag noch außerhalb des Denkhorizonts. Das Private politisch werden zu lassen, heißt aber logischerweise nicht nur, ungewohnte Fragen wie die nach sexuellen Präferenzen oder der Organisationsform Hausfrauenehe öffentlich zur Diskussion, sondern auch, die säkulare Verbannung von Sinnfragen in die Unverbindlichkeit der vermeintlichen Privatangelegenheit Religion infrage zu stellen.

In den Neunzigerjahren hat sich die Feministische Theologie von einer religionskritischen Bewegung gewandelt zu einer Gemeinschaft, die in eigener Verantwortung, in neu entworfenen Traditionsbezügen und mit Autorität von GOTT spricht. Dabei macht die anfängliche Forderung, das Gottesbild zu verweiblichen, allmählich einem neuartigen Bezug auf die Tradition Platz: Als LIEBE (1 Joh 4,8), DASEIN (Ex 3,14), MACHT IN BEZIEHUNG[7] ist GOTT nicht mehr souveräner Gesetzgeber, aber auch nicht liebevolle Mutter, sondern bezeichnet ein INTER-ESSE, einen HORIZONT, auf den sich Menschen in ihrer Verschiedenheit beziehen können, wenn sie in Aushandlungsprozesse über das gute Leben eintreten, die man heute oft »ethische Debatten« nennt. Als DAZWISCHENSEIN lebt und webt das Göttliche diesseits patriarchaler oder matriarchaler Dogmatik und damit auch diesseits der herkömmlichen Identitätslogik, die den Prinzipien- und Grenzwertfragen der gängigen Bioethik zugrunde liegt.

Diese Wende im theologischen Diskurs eröffnet neue Spielräume für ethische Debatten. Denn Handlungen sind ja nicht deshalb als gut zu bezeichnen, weil sie sich innerhalb eines normativen Rahmens bewegen. Sie sind gut, wenn sie SINN ergeben. So mag zwar zum Beispiel die gängige Praxis, präzise Zeitpunkte für den Beginn und das Ende mensch-

---

7   Carter Heyward 1986, 73ff und passim.

lichen Lebens und entsprechende Beschränkungen für Eingriffe festzulegen, zuweilen eine Methode sein, »all dem« Grenzen zu setzen, von dem wir noch nicht wissen, ob wir es brauchen. Das eigentliche ethische Problem aber lässt sie unberührt. Über Sinn und Unsinn technischer Neuerungen kann eine Gesellschaft nämlich nur entscheiden, wenn sie gemeinsame Vorstellungen davon entwickelt hat, was es *bedeutet*, dass Milliarden immer neuer Menschen in der einen Welt gut zusammen leben wollen.

Heute ist, anders als im Jahr 1985, die Wiederkehr des Religiösen in aller Munde. An diesem Rückschritt, sagen die einen, seien allein die Muslime schuld, die dem aufgeklärten Westen die veraltete Frage nach dem Sinn des Ganzen gegen seinen Willen wieder aufdrängten. Andere haben verstanden, dass eine Gesellschaft, die zwar viel kann und viel macht, aber seit Jahrhunderten systematisch sich selbst und anderen gegenüber die Auskunft darüber verweigert, wozu sie »das alles« eigentlich braucht, zu Recht als »ungläubig« kritisiert und gefürchtet wird – als ungläubig in dem Sinne, dass sie die Frage nach dem Sinn nicht als öffentliche zulässt, sondern dem oft sehr verzweifelten Grübeln einzelner Menschen in der Abgeschlossenheit privater Zellen überlässt.

Genau aus diesem Grund, weil westliche Gesellschaften in diesem Sinne ungläubig sind, ist Maria Mies' Frage aus dem Jahr 1985 bis heute unbeantwortet geblieben: Wozu brauchen wir das alles?
Vielleicht werden wir sie beantworten können, wenn wir begreifen, dass die Wiederkehr des Religiösen nicht bedeuten muss, in veraltete Glaubenswelten zurückzufallen. Die Frage nach dem Sinn des Ganzen wieder als öffentliche zuzulassen, könnte auch meinen, dass Menschen sich der Götzen bewusst werden, die sie insgeheim anbeten. Und dass sie sich gemeinsam der Anstrengung einer »kooperative(n) Übersetzung religiöser Gehalte« in eine postsäkulare Sprache unterziehen[8] – diesseits des vermeintlichen Gegensatzes von privaten Sinnfragen und öffentlichen Ethikdebatten.

---

8   Jürgen Habermas 2001, 46.

> ## DAS POSTMODERNE GEBET

Öffentlich zuzugeben, dass ich bete, ist mir oft peinlich. Wenn ich keine Lust auf Peinlichkeiten und umständliche Erklärungen habe, dann sage ich lieber, dass ich täglich meditiere. Zwar weiß ich, dass Meditation etwas anderes ist als Gebet. Aber so ungefähr werden die Leute schon verstehen, was ich meine. Zumal ich vermute, dass auch andere es vorziehen, sich öffentlich als Meditierende statt als Betende darzustellen, weil es auch ihnen peinlich ist zuzugeben, dass sie mit GOTT sprechen.

Warum ist Beten peinlich?
In einem Gottesdienst gemeinsam mit anderen das Vaterunser zu sprechen, mag noch angehen. Denn das ist eingespielte Praxis, in die ich mich stellen kann, ohne die ganze Verantwortung dafür zu übernehmen. Auch wenn ich als Pfarrerin ein Gebet spreche, das ich selbst formuliert habe, kann ich mich noch im Talar verstecken: hinter meiner Pflicht als Liturgin. Schließlich erwartet die Gemeinde, dass ich GOTT hier und jetzt mit DU anrede. Wenn ich aber sage, dass ich bei mir zu Hause bete, regelmäßig, bei vollem Bewusstsein, nicht nur in Panik (das wäre entschuldbar), dann wird offenbar: Ich bin zurückgeblieben. Wer mich für aufgeklärt, also intelligent hielt, hat sich getäuscht. Ich bin steckengeblieben in der altmodischen Meinung, es gebe da irgendwo im Himmel eine Person, der ich mein Leid klagen, der ich für Bewahrung danken und die ich um Hilfe bitten kann.

Meditieren ist etwas anderes. Zwar leitet sich der Begriff vom lateinischen Wort »meditatio« ab, stammt also aus der westlich-christlichen Tradition. In dieser Tradition meint Meditation die Vorbereitung auf das Wesentliche, und das Wesentliche ist dann eben die Begegnung mit dem personalen Gegenüber GOTT – im Gebet. Weil man aber einmal entschieden hat, dass mit diesem lateinischen Wort »Meditation« am besten übersetzt ist, was das Wesen östlicher religiöser Praxis, insbesondere des Zen-Buddhismus, ausmacht, wird »Meditation« heute als Oberbegriff für verschiedene spirituelle Übungen gebraucht, in denen es nicht notwendigerweise um die Begegnung mit einer unsichtbaren Person geht. Und genau aus diesem Grund ist es weniger peinlich zu meditieren als zu beten. Denn wenn ich sage, dass ich meditiere, dann sage ich nichts weiter als dies: auf irgendeine Weise ziehe ich mich aus »dem Naherlebnis der Welt, seinem Druck und seiner Ablenkung«[1] zurück, um mich in irgendetwas, zum Beispiel mich selbst, ein Bild oder einen Text zu versenken. Das ist unverdächtig. Denn sich in irgendetwas zu vertiefen setzt nicht voraus, dass ich an die Realpräsenz dessen glaube, von dem Immanuel Kant erwiesen hat, dass es nur als Postulat der praktischen Vernunft existiert.

Ich bete aber. Ich sitze da, zweimal täglich, oft öfter, und spreche mit JEMANDEM. Genauer: nicht immer spreche ich mit JEMANDEM, manchmal sitze ich einfach da und warte, was passiert. Oder ich spüre, wie es mir jetzt geht. Oder ich lege mir zurecht, was ich am heutigen Tag tun will. Oder ich entwerfe das Mittagessen. Oder ich freue mich, dass ich heute, anders als gestern, kein Kopfweh mehr habe und dass meine Tochter wohlgemut in die Schule gegangen ist. Und damit fängt es dann schon an: Ich freue mich nicht nur, ich danke. Wem soll ich danken, dass ich heute, anders als gestern, kein Kopfweh mehr habe, dass meine Tochter wohlgemut in die Schule gegangen ist und dass draußen die Sonne scheint? Mir selber? Das wäre unangemessen. Meiner Tochter? Auch sie hat ihre gute Laune nicht selbst hergestellt. Wem also? Und wem soll ich klagen, dass ich keine Lust habe, mich an den Schreibtisch zu setzen? Wem soll ich sagen, dass mir wieder einmal der Sinn meines Tuns abhanden zu kommen droht, weil auch heute wieder Tausende von Menschen am Hunger sterben werden? Und wen soll ich bitten, dass ich trotzdem auch heute nicht verzweifeln und dass uns kein großes Unglück geschehen möge? – Ich kann mir nicht helfen, immer wieder kommt GOTT herein. Es geht mir wie Astrid Lindgren:

---

[1] Wolfgang Trillhaas, Art. »Meditation« in: Die Religion in Geschichte und Gegenwart (RGG) 1986.

»Nein, offen gestanden glaube ich nicht an Gott ... Freilich ... vielleicht ist es eine Schande, dass ich Gott leugne, wenn ich ihm ja trotzdem so oft danke und zu ihm bete, wenn ich verzweifelt bin.«[2]

Mag sein, dass die Gewohnheit, sich an ein unsichtbares DU, DIE DU FÜR MICH DA BIST (Ex 3,14), zu wenden, ein Relikt aus unaufgeklärter Zeit ist. Vielleicht wird sich diese Gewohnheit irgendwann auflösen. Es könnte aber auch sein, dass Menschen dieses Bezogensein brauchen, weil sie als nichtbezogene Wesen gar nicht existieren. Menschen werden geboren, sie kommen aus engster Bezogenheit. Vom ersten Tag ihres Lebens an beziehen sie sich auf andere, wie sollten sie damit aufhören? Vielleicht ist Beten erweitertes Sein-in-menschlicher-Bezogenheit? So wie Frömmigkeit erweiterte Dankbarkeit ist?[3] Wer wäre dann aber GOTT? Der INBEGRIFF ALL DESSEN, WORAUF ICH ANGEWIESEN BIN? Die FÜLLE, die mich, seit ich da bin, täglich nährt? Kann man mit dieser FÜLLE sprechen? – Ja, ich kann. Denn wenn ich es nicht könnte, dann würde ich nicht beten. Dass ich bete, ist aber eine Tatsache. Ist GOTT vielleicht größer als meine Vorstellungen von Personsein und Nicht-Personsein?

Die umständlichen Erklärungen, die ich zuweilen abgebe, wenn ich wieder einmal beschlossen habe, öffentlich zuzugeben, dass ich bete, hören sich ungefähr an wie dieser Text. Wenn sie mein Gegenüber noch nicht überzeugen, dann füge ich manchmal hinzu, es handle sich eben um ein postmodernes Beten. Denn meines Wissens sagen einige Denkerinnen und Denker der Postmoderne, man könne nicht immer durchschauen und präzis sagen, was man gerade tut, man könne daher auch nicht immer vermeiden, Dinge zu tun, die man nicht versteht. Ich bete also weiter. Und je länger je deutlicher mache ich die Erfahrung, dass postmodernes Beten mir und der Welt frommt.[4]

---

2   Astrid Lindgren 2000, 81; vgl. in diesem Band: Heute von Gott sprechen. Eine Einleitung, S. 13.
3   Vgl. dazu Ina Praetorius 2005a, 47–49.
4   Weiterführende Gedanken zu einem Existenzverständnis, das sich aus bewusst geübter Abhängigkeit in der Tradition des Gebets nährt, finden sich in: Sarah Coakley 2007.

ZWISCHEN TOD UND AUFERSTEHUNG

KARSAMSTAG

Für Leute, die in einer christlich geprägten Gesellschaft leben, ist der Samstag ein Tag dazwischen: zwischen Arbeit und Ruhe, zwischen Werktag und Feiertag. Ich bin bestimmt nicht die einzige, die den Samstag lieber mag als den Sonntag. Schon als Kind schätzte ich die besondere Atmosphäre des Zwischentages. Bevor der Sonntag anfing mit seinen manchmal zwanghaften Vorstellungen von Feierlichseinmüssen, gab es diesen exzentrischen Samstagabend, an dem auch die Kinder länger aufbleiben durften, weil ja am nächsten Tag Ruhe angesagt war.

Der Karsamstag ist ein besonderer Sonnabend. Er liegt zwischen Tod und Leben, theologisch gesprochen: zwischen Kreuz und Auferstehung. Für Leute, die noch Ostern feiern, ist er ein Tag geschäftiger Vorbereitung aufs Fest. Sie färben die letzten Eier, richten das Haus her und backen Ostergebäck, denn sie wissen ja schon: morgen ist Auferstehung. Aber der Karsamstag ist auch ein Trauertag. Denn an diesem Tag ist, mit dem Glaubensbekenntnis gesprochen, Jesus »hinabgestiegen in das Reich des Todes«. Und sind wir uns denn so sicher, dass auch dieses Jahr wieder Auferstehung sein wird? Kann man der Auferstehung jemals sicher sein?

Laut biblischem Zeugnis ist Jesus, nach einem sehr kurzen Prozess, an einem Freitagnachmittag am Kreuz gestorben. Viele Leute waren dabei: Soldaten, Wachmänner, Neugierige – und mindestens zwei weitere Gekreuzigte. Bei Lukas heißt es außerdem, »*alle, die mit ihm befreundet waren,*«(Lk 23, 49) hätten von ferne zugeschaut. Markus und Matthäus berichten nur von Jüngerinnen. Auch nach dem Johannesevangelium waren vor allem befreundete Frauen dabei, darunter die Mutter Maria, und mindestens ein Jünger, nämlich Johannes. Während die Anhängerinnen Jesu also bei der Kreuzigung anwesend waren, ist nicht ganz klar, was die Männer getan haben, nachdem er am Vorabend im Garten Getsemane gefangen genommen worden war. Von Judas wissen wir, dass er sich umgebracht hat. Und von Petrus wird berichtet, er habe sich während der Verhandlung vor dem Hohenpriester im Hof des hohepriesterlichen Hauses aufgehalten und nicht zugeben wollen, dass er zum Anhängerkreis gehörte. Und die anderen? Vermutlich haben sie sich irgendwo verkrochen, aus Verzweiflung und um der Gefahr zu entgehen, selbst als Freunde des Gekreuzigten erkannt und bestraft zu werden. In den Evangelien jedenfalls tauchen sie erst am Auferstehungstag wieder auf, nachdem die Frauen das Grab leer gefunden haben. Wie ihr Samstag ausgesehen hat, weiß nur GOTT.

Am Abend des Freitags, des »Rüsttags«, beginnt nach jüdischem Brauch die Feier des Sabbat. Weil während des Sabbat und besonders während des Pessach-Festes Gekreuzigte nicht am Kreuz hängen bleiben durften (Joh 19,31), holte sich Josef von Arimatia, ein Sympathisant der Jesusbewegung, bei Pilatus die Genehmigung, den Leichnam in sein Felsengrab legen zu dürfen. Am Freitagabend also ist Jesus bereits bestattet. Nach Matthäus (27,61) waren auch bei der Bestattung zwei Freundinnen Jesu dabei, nämlich Maria Magdalena und »*die andere Maria*«. Johannes erwähnt außerdem Nikodemus (Joh 19,39).

Am Samstag, so ist anzunehmen, haben alle, die sich zum jüdischen Volk zählten, die Sabbatruhe gehalten. Lukas spricht ausdrücklich davon:

Die Frauen, die von Galiläa her mit Jesus gegangen waren, folgten ihm und sahen die Gruft und wie sein Leichnam hineingelegt wurde. Nachdem sie zurückgekehrt waren, bereiteten sie Duftöle und Salben vor. Und sie hielten die Sabbatruhe ganz nach dem Gesetz. (Lk 23,55f)

Matthäus berichtet darüber hinaus, die geistlichen Autoritäten hätten am Samstagmorgen Pilatus gebeten, das Grab bewachen zu lassen. Sie befürchteten einen Betrug: Weil Jesus angekündigt habe, am dritten Tag aus dem Tod aufzustehen, könne es doch sein, dass seine Gefolgsleute die Leiche aus dem Grab stehlen und danach die Auferstehung behaupten würden. Pilatus gestattet die Bewachung. Wir können also annehmen, dass im Laufe des Sabbat römische Wachmänner am Grab des Josef von Arimatia aufmarschiert und bis zum nächsten Tag dort geblieben sind.

Mehr ist über die Geschehnisse am biblischen Karsamstag nicht zu erfahren. Es folgen die Berichte vom leeren Grab oder von der Auferstehung am frühen Morgen des nächsten Tages, der für Jüdinnen und Juden der erste Werktag der Woche war und der, weil er der Auferstehungstag ist, der christliche Sonntag wurde.

Der Karsamstag ist ein Tag ohne große Ereignisse, im Gegensatz zum Tag davor und zum Tag danach. Eine Art Loch im Erzählgewebe, lästig, aber unbestreitbar vorhanden.

Was sich in der Bibel nicht finden lässt, sind die Vorbereitungen eines frohen Ereignisses, die unsere Karsamstage prägen. Die Evangelisten berichten zwar, Jesus habe sein Leiden und seine Auferstehung mehrfach vorausgesagt. Aber von Gewissheit darüber ist bei seinen Freundinnen und Freunden nichts zu spüren. Wenn die Frauen am Freitagabend Öl zubereiten, tun sie das im Sinne des üblichen Bestattungswesens, nicht um den Auferstandenen zu begrüßen. Die Ankündigungen der Auferstehung, so es sie denn gegeben hat, scheinen eher diejenigen interessiert zu haben, die Jesus feindlich gesinnt waren. Aber die freuen sich nicht, sondern befürchten einen Betrug und bemühen die römische Besatzungsmacht, um ihn zu verhindern.

Wenn ich mir diesen Tag vorzustellen versuche, erscheint er mir als eine ziemlich desolate Angelegenheit: Triumph und Misstrauen aufseiten der Autoritäten, Enttäuschung, Trauer, mechanisches Weitermachen und Fluchttendenzen bei denen, die Jesus zu seinen Lebzeiten für den Messias gehalten haben. Wer schon einmal einen geliebten Menschen plötzlich verloren hat, kennt diesen Schockzustand unmittelbar nach dem Tod. Da hilft die Aufforderung, hoffnungsvoll in die Zukunft zu blicken, nichts. Es fühlt sich an, als seien nicht nur der Verstorbene, sondern auch die Zurückbleibenden hinabgestiegen in das Reich des Todes. Die einen lassen alles stehen und liegen und machen sich davon. Diese Gruppe von Menschen wird in der Bibel von den Jüngern – einschließlich Judas – repräsentiert. Die anderen versuchen, irgendwie weiter zu funktionieren. »Das Leben muss schließlich weitergehen«, sagt man, wenn man nach einem Todesfall die gewohnten Beschäftigungen wieder aufnimmt. In der Passionsgeschichte sind es vor allem die Frauen, die überallhin mitgehen und die Totensalbung vorbereiten. Auch Josef von Arimatia, der sich um die Bestattung kümmert, verliert den Bezug zum jetzt Notwendigen nicht.

Weder der Rückzug noch das mechanische Weitermachen sind auf das freudige Ereignis der Auferstehung gerichtet. Beide Verhaltensweisen füllen recht und schlecht diesen Zeitraum aus, den ich lieber auslassen würde, wenn es in meiner Macht stünde, meine Existenz einfach außer Kraft zu setzen, wo sie zu schwer erträglich wird. Doch eben dies steht nicht in meiner Macht, es sei denn, ich wähle die endgültige Lösung des Judas. Der Karsamstag steht für diese eigentlich nicht aushaltbare Schwere menschlicher Existenz, die sich manchmal unerträglich in die Länge zieht.

Traditionelles Karsamstagsbrauchtum hat diese Bedeutung aufgenommen und in eindrückliche Symbole umgesetzt: Die Glocken schweigen und werden mancherorts durch misstönende Rätschen ersetzt. Der Tabernakel ist leer, der Altar ungeschmückt, keine Messe darf gefeiert werden. Mir allerdings ist solches Brauchtum, abgesehen von Museumsbesuchen, kaum je leibhaftig begegnet. Man scheint sich, jedenfalls in meiner reformierten Kirche, eher darauf geeinigt zu haben, den Karsamstag als Ostersamstag zu verstehen.

Am Karfreitag erinnert man sich an etwas, dessen Wiederkehr sich niemand wünschen kann: an den gewaltsamen Tod. Das ist schwer zu ertragen. Allerdings sind die Kreuzigungsszenen voller *Action*, empörend und dramatisch. Da passiert so viel, dass ich kaum ins Grübeln gerate. Und an Ostern freut man sich dann, dass alles gut ausgeht: Nach jedem Tod gibt es Neuanfänge, die dem Wunder der Geburt nach einer Zeit der Wehen ähneln. Das ist nicht schwierig zu feiern, selbst wenn man vielleicht nicht buchstäblich daran glaubt, dass Jesus von den Toten auferstanden ist. Und selbst wenn bei genauem Zusehen die biblischen Ostergeschichten keineswegs reine Freude ausdrücken, sondern vor allem Irritation, ungläubiges Staunen und Orientierungslosigkeit. Erst an Himmelfahrt und Pfingsten ist eine gewisse Konsolidierung an der Reihe: Dann erinnert man sich an die Leute, die exzentrisch genug waren, aus diesen eigenartigen, schwer erklärbaren Erfahrungen von Auferstehung eine Bewegung, schließlich eine Institution zu machen, die bis heute existiert.

Woran erinnere ich mich an Karsamstag? – Daran, dass es in jedem Leben, auch in meinem, lähmende Zwischenzeiten gibt, die ich am liebsten schnell wieder vergesse, wenn sie endlich vorbei sind. Ist es überhaupt möglich, sich an Depressionen zu erinnern? In der Passionszeit, die gemeinhin als Vorbereitung auf Ostern gilt, gibt es ja noch Hoffnung: Es könnte anders kommen, der Kelch könnte dieses Mal vorübergehen. An Karsamstag ist die Hoffnung gestorben. Trotzdem lebt man weiter. Was bedeutet es theologisch, dass es diesen Zwischentag gibt, der die Kreuzigung von der Auferstehung trennt?

Gängigerweise, so habe ich am Anfang festgestellt, verstehe ich meine Karsamstagsarbeit als Festvorbereitung. Was wäre, wenn ich sie begehen würde als Erinnerung an diejenigen, die trotz aller Verzweiflung weitergelebt und für das Leben gearbeitet haben? Könnte Karsamstag zum Tag der Trümmerfrauen werden, zum Tag der Leute, die nicht wissen, ob sie an die Auferstehung glauben sollen und dennoch am Leben bleiben? Karsamstag wäre dann dem Gedenken derer gewidmet, die, aus welchen Gründen auch immer, nicht den Weg des Judas gehen. Die meisten gehören irgendwann dazu: nach der Diagnose einer schweren Krankheit zum Beispiel, nach dem Tod eines Angehörigen, nach einer Scheidung oder nach einer Naturkatastrophe. Zwar gibt es die tausendfache Erfahrung, dass nach den Wehen die Geburt und nach dem Winter der Frühling kommt. Aber wer im finstern Tal wandelt, ist sich dennoch nicht sicher, ob es auch diesmal so sein wird. Der Karsamstag könnte ein Arbeitstag mit einer bestimmten Erinnerungsaufgabe werden.

In der Frauenbewegung gibt es eine Tendenz, die sogenannten Trümmerfrauen geringzuschätzen. Denn sie machten sich nach dem Ende des Zweiten Weltkriegs stillschweigend daran, wieder aufzubauen, was die Bomben zerstört hatten. »Typisch Frau!«, befinden wir Feministinnen. Statt Widerstand zu leisten, sich dem Bösen rechtzeitig zu widersetzen, sehen sie lieber tatenlos zu, um nachher zu reparieren, was sie besser vorher gerettet hätten. Wer weiß, auch die Freundinnen Jesu hätten vielleicht mit irgendeiner List seine Hinrichtung verhindern können. Stattdessen standen sie da und weinten. Heroischer Widerstand wäre einfacher zu erinnern. Widerstand ist, was manchmal geschieht, was wir uns nachträglich oft wünschen, was keine Heutige ihren Vorfahrinnen vorschreiben kann.

Sich anders an die Trümmerfrauen und an eigene Zeiten des Weitermachens ohne Hoffnung zu erinnern, wäre die karsamstägliche Frömmigkeit. Manchmal kommt es mir so vor, als ließe sich viel menschliche Existenz in karsamstäglichen Kategorien deuten: als ein Weiterleben und Weitermachen ins Ungewisse hinein, trotz Krieg, trotz Klimawandel, trotz Tod. Karsamstagstheologie wäre eine Art und Weise, diesem wenig beliebten Aspekt des Daseins Aufmerksamkeit zu schenken.

Was mich am Sonntag, auch am Ostersonntag, schon als Kind gestört hat, ist der Zwang zur Gewissheit. Karsamstäglich begangen wäre der Ostersonntag nicht der Tag des triumphierenden Glaubens, sondern des ungläubigen Staunens.

HIMMELFAHRT UND PFINGSTEN: IRRITATIONEN

> PAULUS IM GESPRÄCH

Die Frauen sollen in den Gemeindeversammlungen schweigen (1 Kor 14,33f). Diesen Satz schrieb Paulus an die Gemeinde in Korinth. Haben die Frauen in Korinth wohl so viel geredet, dass der Apostel ein Machtwort sprechen zu müssen glaubte? Seine Begründung für das Schweigegebot hört sich allerdings nicht wie eine einmalige Mahnung, eher wie ein allgemeines Prinzip an:

> *Es ist ihnen nicht erlaubt zu reden, sie sollen sich vielmehr unterordnen, wie es auch das Gesetz sagt.* (1 Kor 14,34f)

Noch an anderen Stellen in den paulinischen Briefen heißt es, »die Frau« sei als solche, also nicht nur von Fall zu Fall, dem Mann untergeordnet. Im Brief nach Ephesus zum Beispiel schreibt Paulus (oder einer seiner Schüler, die sich Paulus nannten):

> *Denn ein Mann ist Haupt der Frau, wie auch Christus das Haupt der Kirche ist, er ist Retter des Leibes. Darum, wie die Kirche sich dem Christus unterwirft, so auch die Frauen den Männern in allem.* (Eph 5,23f)

Woher wusste, der das geschrieben hat, eigentlich von solchen scheinbar unveränderlichen Rangordnungen? Und warum schreibt er, wenn er doch so fest an eine hierarchisch geordnete Welt glaubt, an die Galaterinnen und Galater, in Christus gebe es …

> *… nicht jüdisch noch griechisch, … nicht versklavt noch frei, … nicht männlich und weiblich* (Gal 3,28)?

Paulus widerspricht sich. Er scheint manchmal nicht recht zu wissen, was er will, und das ist auch kein Wunder. Schließlich hat er die seltsamen neuen religiösen Gruppen, die sich »Christinnen und Christen« nannten, erst erbittert verfolgt (Apg 8,1–3; 9,1f), sich dann schlagartig zu ihnen bekehrt (Apg 9,3–19). Danach hat er schon bald zu predigen begonnen (Apg 9,19–23). Als römischer Bürger und frommer Jude, der griechisch und hebräisch sprach und sich in der Bibel bestens auskannte, muss er auf seine neuen Verbündeten großen Eindruck gemacht haben. Nachdem sie ihr Misstrauen gegen den ehemaligen Verfolger abgelegt hatten, machten sie ihn zur Autorität. Dabei war für Paulus alles durcheinander geraten: was er vor seinem Damaskuserlebnis geglaubt hatte, hielt er jetzt für *»einen feuchten Dreck«* (Phil 3,8). Den anderen Christinnen und Christen jener frühen Zeit wird es nicht anders gegangen sein. Auch sie wussten zwar, dass sie etwas Umwerfendes erlebt hatten, aber was genau? Beruhigend feststehende Bekenntnisse, theologische Nachschlagewerke und ausgereifte Kirchenstrukturen gab es damals noch nicht. Alles war erst im Werden. Und niemand hatte auf Unruhestifterinnen gewartet, die das ohnehin schon komplizierte Gewirr religiöser Gruppierungen in den römischen Provinzen noch komplizierter machten.

Soll ich mich wundern, dass die jungen christlichen Gemeinden Ausschau hielten nach Autoritätspersonen, die ihnen endlich erklären konnten, worum es eigentlich ging? Paulus, der Schriftgelehrte, der leidenschaftliche Redner, bot sich an. Aber was genau er den Leuten sagen sollte, das musste er selbst erst herausfinden. Es ist also nicht erstaunlich, dass er und seine Schüler uns keine ausgewogene, logisch schlüssige Dogmatik, sondern Dokumente eines verwickelten Suchprozesses hinterlassen haben.

Heutige Christinnen und Christen haben gelernt, Paulus als Autorität zu achten, allerdings in einem anderen Sinn als seine Zeitgenossinnen und Zeitgenossen. Denn wir können nicht mehr mit Paulus sprechen. Fast zweitausend Jahre sind inzwischen vergangen. Der römische Kaiser Konstantin erklärte das Christentum zur Staatsreligion, die Kirche etablierte sich, teilte sich, entwickelte sich zu mehreren mächtigen Institutionen, die einander immer wieder bekämpften. Man hielt Konzile ab, setzte Obrigkeiten ein, unterschied zwischen wahrem und falschem Glauben, verfolgte Ungläubige, verfasste dicke theologische Lehrbücher, schrieb Dogmen und setzte sie wieder außer Kraft. Und einige der Briefe, die Paulus und seine Schülerinnen und Schüler in ganz unterschiedlichen Lebenslagen geschrieben hatten, erklärte man zur »Heiligen Schrift«, von der man jahrhundertelang annahm, Gott selbst habe sie verfasst. So ist es gekommen, dass die leidenschaftliche Suche dieses Mannes nach einer guten Erklärung für das Große, das ihm widerfahren war, zur Dogmatik erstarrt ist. Noch heute suchen viele Theologen verzweifelt nach dem einheitlichen System, das angeblich in den paulinischen Briefen steckt. Obwohl man dieses System bis heute nicht gefunden hat, erzählt man seit Generationen den Kindern in der Sonntagsschule, der christliche Glaube sei für Gutwillige leicht verständlich. Soll ich mich wundern, dass viele nachdenkliche Leute die Kirche längst verlassen haben, weil sie nicht bereit sind, über all die Widersprüche, die ihnen da als geschlossenes System präsentiert werden, einfach hinwegzusehen?

In den vergangenen dreißig Jahren haben vor allem viele Frauen die Kirche verlassen. Was sollen sie schließlich in einem Verein, der ihnen den Mund verbietet und sie für schwach erklärt? – Andere Frauen sind geblieben, und einige von ihnen nicht nur aus alter Gewohnheit. Weil ein vorerst kaum benennbares Faszinosum im Kern der jüdisch-christlichen Überlieferung sie nicht losließ, setzten sie sich zusammen und begannen, gemeinsam die Bibel noch einmal von vorn zu lesen: Könnte es sein, dass wir heute, nach vielen Jahren patriarchaler Erstarrung die Schriften neu, ganz anders verstehen? Können wir zum Beispiel mit Paulus, dem widerspruchsvollen Wahrheitssucher, neu ins Gespräch kommen? Verstehen wir ihn vielleicht besser, wenn wir ihn nicht von vornherein zum unfehlbaren – oder dann gleich gänzlich fehlbaren – Meister erklären? Ist denn die Heilige Schrift nicht ein einziger Gesprächsprozess, in den sich immer neue Generationen einbringen? Hat nicht auch Jesus von Nazaret seine Botschaft in Gesprächen entwickelt, oft in Streitgesprächen? Und ist es nicht logisch, dass sich in Gesprächen und in Briefwechseln Widersprüche finden? Rede nicht auch ich anders, je nachdem, wer mich fragt? Weshalb sollte Paulus sich nicht widersprechen, da er doch, wie ich, noch auf der Suche ist nach angemessenen Worten für seine große Erfahrung?

So ist die lebendige Auseinandersetzung der Feministischen Theologie mit Paulus und seiner Schule entstanden, die allmählich ins postpatriarchale theologische Denken mündet. Sie beginnt mit Befremden und Abwehr, führt über unermüdliches Fragen und Studieren zu einem fast schon geklärten neuen Verständnis der Schrift und des Apostels:

> »Es wird nun möglich, Paulus ... als Apostel und Hebamme ..., verletzlich und vorsichtig, bedrängt und provozierend, aber nie isoliert von den ihn umgebenden Menschen wahrzunehmen, ...«[1]

... schreibt die Basler Neutestamentlerin Luzia Sutter Rehmann, die im Jahr 2001 zusammen mit Kolleginnen ein Buch über Paulus herausgegeben hat. In diesem Buch und in vielen anderen neuen theologischen Texten erscheint Paulus nicht mehr als der ehrfurchtgebietende Lehrer, sondern als lebendiger Vorgänger.

Auch mir ist Paulus, der im Übrigen vermutlich aus mehreren Personen besteht, inzwischen sympathisch geworden. Immer wieder überraschen mich seine Texte, seit ich weiß, dass ich mit ihm zusammen auf der Suche nach dem SINN DES GANZEN[2] bin. Eine geschlossene »paulinische Theologie« suche ich nicht mehr.

---

[1] In: Claudia Janssen u. a. (Hgg.) 2001, 12.
[2] Ina Praetorius 2005a, 119–122.

> # DIE SEHNSUCHT DER ANDEREN ERKENNEN
Mystik in der pluralistischen Gegenwart

Man neigt dazu, sich Visionen als etwas Riesiges, Fernes vorzustellen. Als Ausnahmegestalten mit Seltenheitswert lernen wir die Mystikerinnen und Mystiker des Mittelalters kennen. Und die Prophetinnen und Propheten der Bibel, die auch »Gesichte« hatten und sich durch ein besonders enges Verhältnis zum Göttlichen auszeichneten, sind schon dadurch weit von uns Heutigen entfernt, dass sie Teil der Bibel geworden sind. Ja eigentlich alles, was in einem Buch steht, das wir »Die Heilige Schrift« nennen, auch die genialen Visionen von der Auferstehung und Himmelfahrt Jesu Christi, ist weit weg und irgendwie fremd für uns normale Leute.

Allerdings scheint im Alten Israel prophetische Rede eine ziemlich alltägliche Angelegenheit gewesen zu sein, die nicht »großen« Männern vorbehalten war. Neue exegetische Forschungen haben ergeben, dass es in Israel vielleicht mehr Prophetinnen als Propheten gegeben hat.[1] Und dass es Frauen waren, die als erste von Jesu Auferstehung sprachen, weist darauf hin, dass weibliche Autorität den jüdischen Gemeinschaften um die Zeitenwende nicht fremd war. Die heutige Vorstellung von Prophetie als einer Ausnahmeerscheinung bildet also möglicherweise nicht die damalige Wirklichkeit ab, sondern ist das Ergebnis patriarchaler Geschichtsschreibung, die aber ihrerseits kein einheitliches Bild ergibt. Der Prophet Joël zum Beispiel scheint es für möglich zu halten, dass viele, vielleicht sogar alle Menschen zu Prophetinnen oder Propheten werden. Er sagt im Namen Gottes:

---
1   Klara Butting 2001, 201.

Danach wird es geschehen, dass ich meine Geistkraft auf alles Fleisch ausgieße. Eure Söhne und Töchter werden prophetisch reden, eure Alten werden Träume träumen und eure jungen Leute Visionen haben. Auch über die Sklaven und Sklavinnen werde ich in jenen Tagen meine Geistkraft gießen. (Joël 3,1f)

Joël konnte sich offensichtlich vorstellen, dass göttliche Geistkraft sich über alle ergießt. Vielleicht auch über uns aufgeklärte Leute von heute?

Zu biblischen Zeiten war jedoch klar: Nicht jede, die von schönen inneren Bildern erzählen kann, handelt im Auftrag der LEBENDIGEN, tut also der Welt einen guten Dienst. Deshalb gibt es in der Bibel Kriterien für die Unterscheidung der Geister. Anhand solcher Maßstäbe sollten offizielle Amtsträger prophetische Aussagen prüfen: Wahre Prophetie muss Auslegung der Tora, der anfänglichen Weisung GOTTES in die jeweilige Gegenwart hinein sein. Wahre Prophetie geschieht im Namen JHWHs, verzichtet auf magische Praktiken und lässt sich jederzeit an der Tradition messen.[2] Dass man uns allerdings fast ausschließlich Männerworte überliefert hat, lässt darauf schließen, dass bei solchen Bewertungsprozeduren noch andere, unausgesprochene Regeln im Spiel waren. Auch im christlichen Mittelalter gab es dieses Abhängigkeitsverhältnis von unmittelbaren Gotteserfahrungen und offizieller Wahrheitsverwaltung. Damals konnten sich Menschen, die kein kirchliches Amt bekleideten, aber etwas Wichtiges sahen, die Übereinstimmung des Gesehenen mit der kirchlichen Lehre bestätigen lassen. »Mystik« wurde so zu einer Methode, außerhalb der offiziellen Ämterhierarchie als Autorität anerkannt zu werden. Dies ist sicher ein Grund, weshalb die mittelalterliche Mystik uns vor allem als Frauentradition überliefert ist. Visionen oder Auditionen waren ein Weg für Frauen, sich trotz ihres Ausschlusses aus dem kirchlichen Lehramt in der Welt Gehör zu verschaffen.[3]

Heute sind Frauen zwar immer noch nicht zum Priesteramt in der katholischen Kirche zugelassen. Aber der Vatikan ist auch nicht mehr unbestritten der Sitz christlicher Wahrheitsverwaltung. Abgesehen davon,

---

2   Irmtraud Fischer 2002, 39ff.
3   Elisabeth Gössmann 2000.

dass es längst anerkannte Pfarrerinnen und Bischöfinnen in anderen Kirchen gibt, haben sich in der Moderne oder spätestens in der Postmoderne die Anerkennungsverhältnisse insgesamt vervielfältigt. Die Welt lässt sich nicht mehr angemessen als eine wohlgeordnete Pyramide beschreiben. Sie ist zu einem fröhlichen, manchmal beängstigenden Durcheinander gegenseitiger Autorisierungen geworden: wer von Rom nicht anerkannt ist, kann die eigene Sichtweise als Autorin über den Buch- oder Medienmarkt, als Wissenschaftlerin über eine akademische Position, als Politikerin über eine Partei, als Dissidentin über eine oppositionelle Bewegung, als Privatperson über eine Webseite, als Charismatikerin über eine freikirchliche Gruppe öffentlich zu Gehör bringen. Welche Stimme letztlich Einfluss gewinnt, wird nicht von einer einzigen Priesterkaste bestimmt, sondern entscheidet sich in vielfältigen, oft unberechenbaren Aushandlungsprozessen. Es gibt keine zentrale Instanz mehr, die über wahre und falsche Gotteserfahrung entscheiden könnte.

Zwar könnte man sagen, das demokratische Mehrheitsprinzip sei an die Stelle obrigkeitlicher Entscheidungsbefugnisse getreten. Es gilt heute im Prinzip auf der ganzen Welt, hat sich aber als ungenügend erwiesen, wenn es darum geht, SINN von Unsinn zu unterscheiden. Schon oft haben Mehrheiten für etwas gestimmt, das sich nachträglich als größter Unsinn erwiesen hat. Auch der im Zeitalter der europäischen Aufklärung propagierte Glaube an eine einzige unbestechliche Vernunft ist brüchig geworden, denn wer sollte als Sprecher einer solchen quasi göttlichen Instanz auftreten, ohne sich selbst Göttlichkeit anzumaßen? Zwar gibt es sie noch, die sogenannten Experten, die meinen, im Namen objektiver Vernunftprinzipien über unser Wohl entscheiden zu können. Aber da sie einander häufig widersprechen, nimmt ihr Ansehen in der Öffentlichkeit ab, und mit ihm die Autorität der vermeintlich unbestechlichen Vernunft. Wer entscheidet also heute über SINN und Unsinn? – Das ist eine offene Frage.

Die Fähigkeit, Bilder zu sehen, die über das sogenannt Wirkliche hinausreichen, geht uns Menschen allerdings nicht verloren, bloß weil das gesellschaftliche Umfeld sich pluralisiert hat. Es mangelt deshalb heute ebenso wenig wie vor tausend oder zweitausend Jahren an großen und kleinen Schreckens- und Heilsvisionen und auch nicht an den notwendigen Wunschbildern, wie ein gutes menschliches Zusammenleben auf diesem schönen und verletzlichen Planeten Erde sich gestalten könnte. Noch immer ist es eine ziemlich alltägliche Sache, innere Bilder zu haben. Wer hätte sie, zum Beispiel, nicht schon gesehen und schleunigst als naive Privatträumerei abgetan: die blühende Welt, in der alle zu essen und zu trinken haben, sich nützlich machen, spielen, feiern, lieben und in Frieden alt werden?

Mystiker und Prophetinnen sahen allerdings nicht nur solche Bilder, sie waren auch von deren Bedeutsamkeit so fest überzeugt, dass sie mit ihnen ans Licht der Öffentlichkeit traten, unbeeindruckt von den Begrenzungen, die die jeweilige Zeit ihrem Geschlecht oder ihrem Stand auferlegte, unbeeindruckt auch vom Spott der Traditionalisten und Vernünftigen. Wenn der Prophet Joël eine Zukunft sieht, in der sich HEILIGE GEISTKRAFT über alle ergießt, dann hofft er vielleicht, dass seine Nachfahrinnen und Nachfahren die übliche risikofreie Überzeugung von der eigenen Bedeutungslosigkeit ablegen und öffentlich aussprechen werden, wie sie sich ein erfülltes Dasein im Haushalt Welt vorstellen? Im Vertrauen darauf, dass der göttliche Funke der Begeisterung auf andere überspringen wird: dass *offenbar* wird, wo SINN ist und wo Unsinn.

Heute behauptet niemand mehr, Frauen (oder was man so nennt) könnten nicht die Wahrheit sehen und sagen. Und niemand muss mehr zum Priester gehen, um bestätigen zu lassen, dass die Sehnsucht nach dem guten globalen Zusammenleben berechtigt ist. Wir können uns gegenseitig als Mystikerinnen und Mystiker anerkennen, einander zuhören, bestärken, kritisieren, beraten, den Weg in öffentliche Räume weisen.
Fangen wir an. Die Welt braucht Visionen der Wohnlichkeit.

> GOTTES INTERESSE

Was macht man an Pfingsten? Man zündet keine Kerzen an, verteilt keine Geschenke und bemalt keine Eier. Vielleicht schläft man aus, weil die Kinder in den Ferien sind. Und wenn alles gut geht, beginnt am Tag fünfzig nach Ostern die Open-Air-Saison nicht nur kalendarisch, sondern auch klimatisch.

Nicht immer war Pfingsten das christliche Fest ohne Brauchtum. Früher gab es an diesem Tag rituelle Flurbegehungen, flatternde Tauben und einen besonderen Maienschmuck im Gottesdienst, Pfingstfeuer und Pfingstochsen. Heute empfinden viele die beiden Feiertage als nicht besonders bedeutungsvollen Einschub zwischen Frühling und Sommer. Etwas Konfuses haftet diesem Fest an. Man weiß nicht, wie feiern. Aber dass auch der Montag noch arbeitsfrei ist, zeigt an: Ein belangloses Fest kann das nicht sein.

Es geht durchaus mit rechten Dingen zu, wenn uns Pfingsten undefinierbar vorkommt. Denn es ist das Fest der GEISTKRAFT, die dazwischenweht, wo sie will. Pfingstlieder enthalten kaum feste Glaubensaussagen, sondern rufen den HEILIGEN GEIST herbei:

»Komm allgewaltig heil'ger Hauch ...«
»O Heiliger Geist, kehr bei und ein und lass uns deine Wohnung sein ...«
»Fache neu der Liebe Flammen in den kalten Herzen an ...«

Wer da singt, scheint wenig zu wissen, aber viel zu brauchen: Denkanstöße zum Beispiel oder Auftrieb oder Begeisterung. – Es ist eigenartig, mit einer sonntäglichen Gewohnheitsgemeinde, sauber aufgereiht in

Kirchenbänken, solche Lieder zu singen, ohne auch nur den leisesten Hauch von Sehnsucht und Hingerissensein zu spüren.

Fromme Menschen wünschen sich vielleicht eine Wiederholung des biblischen Pfingstereignisses. Damals, so steht es im zweiten Kapitel der Apostelgeschichte, *kam plötzlich vom Himmel her ein Tosen wie von einem Wind* (Apg 2,2a), als die Freundinnen und Freunde des gekreuzigten Jesus von Nazaret sich in Jerusalem zur Feier von Schawuot versammelt hatten.

Es erschienen ihnen Zungen wie von Feuer, die sich zerteilten, und auf jede und jeden von ihnen ließ sich eine nieder. Da wurden sie alle von der heiligen Geistkraft erfüllt und begannen, in anderen Sprachen zu reden; wie die Geistkraft es ihnen eingab, redeten sie frei heraus. (Apg 2,3)

Mag sein, dass sich in Pfingstkirchen oder sogar in ganz gewöhnlichen landeskirchlichen Gemeinden hin und wieder vergleichbar Luftiges und Feuriges ereignet. Aber auch, wer Religion lieber anderen überlässt, kennt den Wunsch nach Begeisterung in oder zwischen den routinierten Verrichtungen des Alltags. Begeisterung weniger für Fußball, Beethoven oder die Karibik, sondern?

Spätestens seit dem 11. September 2001 rumort in vielen abendländischen Gemütern eine Frage: Was genau schützen wir eigentlich vor den Angriffen derer, die uns nicht ganz zu Unrecht »die Ungläubigen« nennen? Kennen wir, was wir verteidigen wollen? Begeistert es uns? Zu den Fundamentalisten gehört man nicht, das ist sicher. Wozu aber gehört man denn? Zur Kirche? Zum christlichen Abendland? Oder einfach zur westlichen Kultur? Kann man sich für rechtsstaatlich ausgehandelte Prinzipien oder für rationale Ethik begeistern, gar für den Kapitalismus oder ein exorbitantes Bruttosozialprodukt?

Die Kirchen haben bereits profitiert von der neuartigen Verunsicherung. Nicht nur in New York, auch in Zug und Erfurt gab es überfüllte Gotteshäuser. Bloß erzeugt der Versuch einer reumütigen Umkehr zu etwas, das man vor Jahren mit guten Gründen verlassen hat, bei vielen das deutliche Gefühl, aufgeklärte Gemüter taugten zu einer solchen Rückkehr nicht. Ein Neuanfang sollte es sein: Etwas zwischen Traditionalismus und Gleichgültigkeit, zwischen kirchlicher Dogmatik und Privatspiritualität. Etwas Glaubwürdiges, für das man sich begeistern könnte, etwas Spannendes ohne unangenehmen Beigeschmack, etwas mit Stil, das einer nicht peinlich sein müsste, etwas – wie soll ich sagen? Wer einmal vom Individualismus geschmeckt hat, ist schwer in Begeisterung zu versetzen. Wo Religion nichts ist als Privatsache, gerät jede öffentliche Ekstase zur hochnotpeinlichen Selbstentäußerung. Wie aber soll man bewahren, wofür man sich schämt? In dieser Sackgasse steckt das vielleicht nur noch dem Namen nach christliche Abendland. Und der Ausweg, soll er denn ein glaubwürdig Frieden stiftender sein, ist nicht die Re-Formation.

Die amerikanische Theologin Carter Heyward nennt GOTT: MACHT IN BEZIEHUNG.[1] Beziehungen spielen sich zwischen Menschen ab, GOTT wäre demnach zwischen uns: zwischen Musliminnen und Christen zum Beispiel oder zwischen frommen Jüdinnen, Atheisten und Esoterikern? – Auch Hannah Arendt dachte schon in Zwischenräume hinein, als sie das »Bezugsgewebe menschlicher Angelegenheiten«[2] zum Ort unseres Handelns erklärte. Und vielen Mystikerinnen und Mystikern ist GOTT ZWISCHEN MIR UND DIR vertraut. Die Psychologin Carol Gilligan begründete in den Siebzigerjahren Moral jenseits der Logik fixer Identitäten in einer Weltsicht der Bezogenheit.[3] Es gibt da eine deutliche Konvergenz vor allem im feministischen Denken der vergangenen Jahrzehnte, ein Sich-Erinnern auch an mystisch-pfingstliche Einsichten: Zwischendrin bläst die GEISTKRAFT, sie lässt sich als BEZOGENSEIN zur Sprache bringen, und das ist begeisternder als immer noch mehr Klärung und Abgrenzung von Identität. Im Jahr 1938 entwarf Virginia Woolf die Pädagogik des Dazwischen:

> »Es sollte die Kunst der menschlichen Beziehungen gelehrt werden; die Kunst, das Leben und Denken anderer Menschen zu verstehen und die kleinen Kunstfertigkeiten des Gesprächs, der Kleidung und des Kochens, die damit verbunden sind. Ziel ... sollte nicht sein, zu trennen und zu spezialisieren, sondern zu kombinieren ...«[4]

---

1 Carter Heyward 1986, 73 und passim.
2 Hannah Arendt 1981, 171 und passim.
3 Carol Gilligan 1984; vgl. auch Ina Praetorius Hg. 2005.
4 Virginia Woolf 1983 (1938), 38.

Nachdem wir Theologinnen etwa ein Jahrzehnt lang vor allem die Männlichkeit Gottes bestritten und göttliche Weiblichkeit eingefordert haben, lassen auch wir je länger je mehr ab vom identischen Gott. Heute richten wir den Blick auf Zwischenräume. Sofern sich Blicke aufs göttliche INTER-ESSE überhaupt *richten* lassen. Das alltägliche Wort »Interesse« stammt aus dem Lateinischen und heißt: DAZWISCHENSEIN. Was dazwischen weht, kann man nicht einfangen, auch nicht in beruhigend berechenbare Rituale sperren. Beziehungen lassen sich pflegen, aber niemals endgültig ordnen. GOTT ZWISCHEN mir und den anderen ist irritierend, aber existent. Und göttliches Dazwischenfahren, so gefährlich es rechtschaffenen Theologen erscheinen mag, hat Zukunft in einer sich ökonomisch, politisch, kulturell und religiös vernetzenden Welt.

Eignet sich aber etwas so Windiges wie das nichtidentische Göttliche für den Umgang mit den Ernsthaftigkeiten der Weltpolitik? – Eine Erfolgsgarantie gibt es nicht, aber mich begeistert die Idee: Was könnte weiter bringen als INTER-ESSE?

An Pfingsten redeten die Freundinnen und Freunde Jesu in Sprachen, die sie nicht gelernt hatten. Dadurch füllten sich die Zwischenräume zwischen ihnen und den anderen, die vorher nichts verstanden hatten, mit GEIST. Es gab auch Missverständnisse: Viele hielten die Begeisterten für betrunken, vielleicht zu recht. Und es entstand eine nicht unproblematische Bewegung, die zweitausend Jahre gehalten hat und allmählich zur Institution geworden ist. Keine Institution aber war je steinhart genug, um göttliches INTERESSE auszulöschen. In den Mauerritzen der Dome pfeift es vernehmlich. Und auch die netten Protestanten werden es nicht schaffen, Sturmböen in Fürzchen zu verwandeln. Viele von ihnen haben immerhin schon gelernt, dass es keinen Sinn macht, Gotteshäuser gleich nach dem sonntäglichen Amen wieder zu verriegeln. Dass Pfingsten gefährlich sei, darüber sind sich anständige Theologen einig. Ja, erfreulich gefährlich ist es, in Sprachen zu reden, die man nicht gelernt hat, und begeisternd ist es, dass es nicht nur Buchstaben gibt in unseren Buchreligionen, sondern auch eine nimmermüde dazwischen fahrende GEISTKRAFT.

DREIEINIGKEIT: GOTT IN FÜLLE

> WIRTINSCHAFT

Zwischen Theologie und Ökonomie gibt es viele Unterschiede. Zwei der wichtigsten sind diese: Die Theologie geht von einer geschenkten FÜLLE aus, die sie, je nach Zusammenhang, »Gott«, »Schöpfung«, »Weisung« oder »Segen« nennt, die Ökonomie von der prinzipiellen Knappheit aller relevanten Güter. Und Theologinnen und Theologen rechnen damit, dass Menschen zufrieden sein können, zum Beispiel, wenn sie Ruhe im EWIGEN gefunden haben. Ökonominnen und Ökonomen dagegen glauben, dass menschliche Bedürfnisse unendlich und unstillbar sind.

Zwar hat die Theologie sich in ihrer langen Geschichte des öfteren ökonomischen Denkweisen angenähert: So hat man göttliche Großzügigkeit manchmal auf eine »Heilsökonomie« zurechtgestutzt, in der man bestimmten Menschen je nach ihrer Volkszugehörigkeit, ihren Verdiensten oder ihrem Geschlecht bestimmte Anteile des knappen Gutes Heil zusprach. In den biblischen Texten findet diese Denkart Anknüpfungspunkte vor allem dort, wo es den Verfasserinnen und Verfassern der Texte nötig zu sein scheint, sich gegen ein feindliches Außen abzugrenzen und Gott für den jeweiligen Innenraum in Anspruch zu nehmen. Heute, angesichts weltweiter interreligiöser Gespräche, besinnen sich aber viele Kirchenleute wieder darauf, dass Frömmigkeit bedeutet, auf eine anfänglich allen geschenkte, täglich für alle erneuerte FÜLLE zu vertrauen:

Du öffnest deine Hand, sättigst alle Lebewesen mit Zufriedenheit. (Ps 145,16)

Dennoch kommen Theologen in den derzeit verbreiteten Debatten um die Folgen neoliberaler Wirtschaftspolitik erstaunlich selten auf diese wesentliche Differenz zur ökonomischen Sichtweise zu sprechen. Liegt das daran, dass die Theologie den Status der Ersten Wissenschaft an die Ökonomie abgegeben hat, die dieses Angebot gerne annimmt? Oder beugt sie sich dem ungeschriebenen Gesetz, die überwältigende Menge von Gütern, die Menschen in Wohlstandsgesellschaften umgibt, nicht beim Namen zu nennen, weil sie sich nicht verkaufen ließe, würde nicht gleichzeitig die Angst vor Knappheit zum Dogma erhoben? Oder sind Theologen in ihren Zweireichelehren noch immer so häuslich eingerichtet, dass sie meinen, FÜLLE und Zufriedenheit seien nur erfahrbar in abgegrenzten Räumen: dort, wo der Mammon nicht hinreicht, im ehrenamtlich organisierten Teil des kirchlichen Lebens zum Beispiel, oder in Ehe und Familie, wo angeblich das ganz andere, das weibliche Gesetz der »Liebe« gilt?

Manager und Managerinnen jedenfalls haben kaum etwas dagegen einzuwenden, wenn die Theologie ihr Eigenstes für sich behält und sich auf die Pflege kompensatorischer Innenräume beschränkt – solange sie dort nicht das Otterngezücht prinzipieller Kritik am Knappheitsgerede aufzieht. Und dies geschieht eher selten, denn wäre sich die Theologie ihrer potenziell folgenschweren Differenz zum Ökonomismus bewusst, ließe sie es sich bestimmt nicht nehmen, schon jetzt auch in Chefetagen, Parlamenten und Landeskirchenämtern auf den grundlegenden Erfahrungen von FÜLLE und Sättigung zu bestehen.

In den Privathaushalten allerdings, den angeblich vorökonomischen und vorpolitischen[1] Gemeinschaften, ist in den vergangenen Jahrzehnten schon einiges in Ordnung gekommen. Frauen (oder was man so nennt) haben nämlich entdeckt, dass auf der ersten Seite jedes Lehrbuchs der Ökonomie steht, der Begriff »Wirtschaft« sei eine Gesamtbezeichnung für *alle* Maßnahmen zur Bedarfsdeckung, es gehe beim Wirtschaften also immer darum, reale begrenzte Bedürfnisse mit knappen oder im Überfluss vorhandenen Mitteln zu befriedigen. Erst ab der zweiten Seite, von hier an allerdings konsequent, drängen sich (erzeugte) Knappheit und (hergestellte) Unersättlichkeit, Gelderwerb und Geldvermehrung als Themen in den Vordergrund. Feministinnen haben auch herausgefunden, dass in der Bibel zwar an einigen Stellen

---

1 Vgl. z. B. Helmut Thielicke 1964, 214.

steht, Männer seien wichtiger als Frauen, nicht aber, es sei die Pflicht der Frauen, mit gottgleich unendlicher Liebe in sorgsam abgeschotteten Privatsphären das Gefühl geschenkter FÜLLE zu erzeugen, das Männer im Kampf um Anteile an angeblich stets knappen Gütern vorsätzlich verloren haben. Anknüpfend zum Beispiel ans biblische Bild von der großzügig mit Immobilien, Tieren, Nahrung und Geld hantierenden Hausfrau (Prov 31,10–31) fragen sie sich, ob GOTT nicht eher dieser genüsslich-vernünftigen WIRTIN als dem knausrigen *homo oeconomicus* gleiche, der nichts kennt als Angst und den eigenen Vorteil. Und einige sehen nicht ein, weshalb sie die lange eingeübte, deshalb aber nicht sinnvoller gewordene Arbeitsteilung zwischen ökonomischen und theologischen Sichtweisen, Verstand und Gefühl, Gesetz und Liebe, Knappheit und Überfluss, Erwerbstätigen und Hausfrauen aufrechterhalten sollten. Als postpatriarchales Denken transportieren sie deshalb die Frage nach dem SINN DES GANZEN aus den Privatsphären des religiösen und familiären Lebens zurück ans Licht der Öffentlichkeit, wo sie nach ökonomistischer Logik keinesfalls hingehört: Denn würde ein Volk, das, statt im Glauben an seine eigene Unersättlichkeit gehorsam zu konsumieren, wieder als Volk GOTTES vor aller Augen behauptete, es sei genug für alle da, noch Gewinn bringen?

Viele haben sich daran gewöhnt, dass zwischen Feminismus und Kirchen eine Gegnerschaft besteht, weil kritische Frauen seit langem und zu recht die patriarchalen Strukturen der Kirche attackieren. Die Kirchen selbst allerdings verhalten sich allzu oft wie traditionelle Ehefrauen, die ihren markttauglichen Männern die berühmte Gardinenpredigt halten. Statt jenseits der Gardine von dem Segen und der Zufriedenheit zu sprechen, die immer schon da sind, bevor wir anfangen zu rechnen, zu kürzen und zu verknappen, verstecken sie den Schatz ihres biblischen Wissens im stillen Kämmerlein und geben sich, um ja nicht für naiv gehalten zu werden, im Gespräch mit der sogenannten Wirtschaft erwachsen und vernünftig, sofern sie nicht ganz verstummen. Die Kirchen könnten also lernen von ihren vermeintlichen Gegnerinnen, den Feministinnen, die inzwischen begriffen haben, dass es notwendig ist, Kammern zu verlassen und Vorhänge zu öffnen, und dass, was gemeinhin als naiv gilt, oft der nativen[2] prophetischen Kritik am allgegenwärtigen Rechengeist nahe kommt.

»Die Kirchen haben zu wenig Geld.« – Dieser derzeit häufig zu hörende Satz ist richtig, wenn ich unter Geld die Maßeinheit verstehe, die, alle überkommenen Pfründen und Privilegien vorausgesetzt, darüber entscheidet, wie viel vom knappen himmlischen und irdischen Brot verteilt werden darf. Der Satz ist falsch, wenn ich erkenne, dass Geld ein relativ unbedeutendes, aber nützliches Instrument ist, das Menschen vor nicht allzu langer Zeit erfunden haben, um sich das fröhliche Geschäft des Austauschs von Freude, Nahrung, Liebe, Geborgenheit und was der lebenswichtigen Dinge mehr sind, zu erleichtern. Manche dieser Güter sind knapp, die meisten sind in FÜLLE vorhanden, weil sie von der LEBENDIGEN geschenkt sind und weil jeder Mensch irgendwann genug hat.

Vielleicht sollten wir für das, was bald auch in öffentlichen Räumen eine wirklichkeitsgerechte Verbindung zwischen der geschenkten FÜLLE, der manchmal realen, meistens vorsätzlich herbeigeführten Knappheit und unseren wirklichen Bedürfnissen schaffen wird, einen neuen Namen erfinden. Einen Namen, der nur zwei Buchstaben von dem entfernt ist, was vielen so viel Kummer macht und was sie doch nicht vom Thron zu heben wagen: Wirtinschaft.

Selbstverständlich kann Wirtinschaft, ebenso wie Wirtschaft, von Männern (oder was man so nennt) und Frauen (oder was man so nennt) praktiziert werden. Denn wirtinschaftliche Menschen zeichnen sich nicht durch ein biologisches Geschlecht aus, sondern dadurch, dass sie verstanden haben: Es ist genug für alle da, und in die Mitte unseres unablässigen Produzierens, Schenkens und Tauschens gehört nicht das Geld, sondern gehören die Bedürfnisse der sechseinhalb Milliarden Würdeträgerinnen und Würdeträger, die in immer neuen Generationen zusammen mit unzähligen anderen Lebewesen die eine Erde bewohnen.

---

2   Ina Praetorius 2005a, 40–43, 199–205.

> ## VOM UMGANG MIT REICHTUM
> ### Zu Gen 13,2

Irgendwie schieben wir frommen Leute den Reichtum ja gern den anderen zu: den Kapitalisten, den Habgierigen, den Bösen. Aber auch unser aller Vater Abraham war reich, das steht in der Bibel:

Abram war schwerreich an Vieh, an Silber und an Gold. (Gen 13,2)

Abrahams Reichtum bestand vor allem aus Tieren. Gold und Silber scheinen ihm zwar auch nicht unwichtig gewesen zu sein, aber erst in zweiter Linie. Was Abraham sicher nicht besaß, sind Aktien, denn die wurden erst später erfunden.

Auch heute noch gibt es Leute, die ihren Wohlstand vor allem an Realien messen: Bäuerinnen zum Beispiel, die zwar wenig Geld verdienen, aber im eigenen Haus auf eigenem Grund leben. So können sie einigermaßen, wenn auch nicht absolut sicher sein, nicht vertrieben zu werden. Ein eigenes Haus und eigenes Land hatte Abraham nicht. Er wohnte im Zelt, und Land galt in den nomadischen Gesellschaften des Alten Orient im Allgemeinen als Gut, das allen gehörte. Deshalb war Abraham trotz seines Reichtums nicht nur vertreibbar, er wurde tatsächlich mehrfach vertrieben. Dennoch hat er – gegenüber Wertpapierbesitzern – etwas Wichtiges mit der heutigen Bäuerin gemeinsam: Geld ist für beide zwar wichtig, aber nicht lebensnotwendig. Auch ohne Edelmetall könnten sie überleben, die Bäuerin, weil sie als Sesshafte ihren Ort zum Leben samt nutzbarem Umschwung besitzt. Und Abraham, weil ihm und Sara bewohnbare Zelte und viel Vieh gehörten. Schafe und Ziegen kann man melken, man kann sie auch scheren und aus der Wolle Kleider herstellen. Man kann sie schlachten, das Fleisch essen und die Haut zu Leder verarbeiten. Vieles von dem, was Abraham und der Bäuerin gehört, können sie also unmittelbar brauchen, zum Beispiel zum Essen oder Anziehen.

Auch aus Gold und Silber lassen sich brauchbare Gegenstände herstellen: Schmuck, Besteck oder Bilder zum Beispiel. Man kann das edle Metall auch auf dem Markt gegen nützliche Dinge eintauschen. Nahrhaft und warm hingegen ist ein Gold- oder Silberstück nicht. Wertpapiere schließlich taugen nur noch zum Tauschen, allerdings nur unter der Bedingung, dass ein umfangreicher Apparat aus Gesetzen und Vereinbarungen ihren Tauschwert schützt.

Wie brüchig solche Vereinbarungen sind, bekommen wir manchmal zu spüren: die Aktien- und Devisenkurse steigen und fallen, wie es wem auch immer gefällt. Und manchmal fallen sie nur noch. Da sitzt der Wertpapierbesitzer, der sich gestern noch für wohlhabend hielt, rat- und machtlos vor dem Bildschirm und traut seinen Augen nicht. Wenn er Glück hat, gehört ihm wenigstens das Haus, in dem er wohnt. Doch auch Häuser können in Fluten oder Lawinen versinken.
Bleibt also nur noch Silber und Gold? Es will fast so scheinen. Jedenfalls steigt in Krisenzeiten meist der Goldpreis. Aber Gold kann gestohlen werden. Und wie gesagt: Ess-, trink- und bewohnbar ist es nicht.

Die Verfasserinnen und Verfasser der Bibel fanden Abrahams Reichtum nicht peinlich, im Gegenteil: Besitz unterstreicht die Bedeutung des Ahnvaters. Allerdings ist sein Wohlstand nicht der Grund, weshalb er den Leuten im Gedächtnis geblieben ist. Es gab viele reiche Viehzüchter, von denen nach ihrem Tod nicht mehr die Rede war. Am schwerreichen Abraham war etwas Anderes interessant: Man erzählte einander nämlich, er habe sich nicht auf seine Güter verlassen, habe stattdessen immer wieder die Beziehung zum LEBENDIGEN gesucht, das ihm die nächsten Schritte auf seinem Weg zeigte. Zum Beispiel zeigte JHWH ihm einen Ort, an dem er sich für eine begrenzte Zeit niederlassen konnte. Oder SIE wies ihm den Weg durch die Wüste. Mir scheint, mit den Erzählungen über Abraham wollten die Verfasserinnen und Verfasser der Genesis den Nachkommen Abrahams vor allem sagen, dass solches Gottvertrauen wirklichkeitsgerecht ist.

Vertrauen auf die FÜLLE JHWHS, auf MACHT IN BEZIEHUNG ist heutzutage und hierzulande aus der Mode gekommen. Viele vertrauen lieber der Pensionskasse oder ihren Ersparnissen. Dass es solche institutionellen Sicherungen in postmodernen Gesellschaften gibt, ist gut. Aber sie halten nicht immer, sie können versagen,[1] und vor allem: Sie geben keine Auskunft über den SINN DES DASEINS. Auch wer eine Lebensversicherung abgeschlossen hat, kann am Leben verzweifeln. Auch wer alles im Supermarkt bekommt, ist manchmal arm dran.

Vielleicht wäre deshalb das Gespräch mit dem schwerreichen Urahn neu aufzunehmen, der immer wieder in die FÜLLE DES LEBENDIGEN eintauchte, um herauszufinden, wohin er aufbrechen sollte.

---

1   Vgl. dazu z. B. Antje Schrupp 2007.

> SUCHT UND FRÖMMIGKEIT

Ich glaube nicht an die Möglichkeit eines suchtfreien Lebens oder einer suchtfreien Gesellschaft. Es könnte zum Beispiel sein, dass ich schreibsüchtig bin. Das würde aber kaum jemand merken, denn Schreiben ist meine Arbeit. Über diesen Zusammenhang zwischen Suchtmitteln und Arbeit, also Weltgestaltung,[1] denkt Charles Baudelaire nach:

»Wein ist für die Menschen, die arbeiten und es sich verdient haben, welchen zu trinken. Haschisch gehört in die Kategorie der einsamen Vergnügungen.«[2]

Eine Sucht – Baudelaire nennt hier das Haschisch – kann Einsamkeit und Desorientierung bewirken oder sie kann zum akzeptierten und akzeptablen Bestandteil eines geordneten Lebens werden. Ob es stimmt, dass Haschisch weniger als Wein mit Geselligkeit und Arbeit vereinbar ist, kann ich nicht beurteilen. Aber dass produktives Schaffen sich mit regelmäßigem Weintrinken verträgt, entspricht meinen Erfahrungen. Auch ich will vor allem sinnvolle und nützliche Dinge in die Welt setzen, also arbeiten, und diesem Wunsch blieb die Trunksucht bis heute nachgeordnet. Vielleicht liegt das aber nicht am Wein als solchem, sondern an der schwäbischen Ordnungsliebe, die meine Mutter mir von meinem ersten Lebenstag an vermittelt hat. Oder an dem, was ich »Frömmigkeit« nenne.

»Frömmigkeit« ist ein sehr altmodisches Wort. So alt, dass es fast lächerlich wirkt. Aus der Mode gekommene Worte zeichnen sich dadurch aus, dass sie lange geruht haben. Über Jahre oder Jahrzehnte hat sie kein

---

1   Vgl. in diesem Band: Arbeiten heißt: die Welt wohnlich gestalten, S. 112.
2   Charles Baudelaire, zitiert in: Edmund White 2003, 126.

ernst zu nehmender Mensch ernst genommen. Frömmigkeit war reserviert für Fundamentalisten und Gestrige. So konnte sich das Wort erholen und ist heute bereit, neu entdeckt zu werden.

In den vergangenen Jahren habe ich das Wort »Frömmigkeit« so gründlich neu entdeckt, dass es heute fast zum Mittelpunkt meines Daseinsgefühls geworden ist. Frömmigkeit, wie ich sie verstehe, könnte zu einem Schlüsselwort für die postpatriarchale Zukunft werden. Zum Beispiel lassen sich vom Lebensgefühl der Frömmigkeit her Wege aufzeigen, wie Suchttendenzen im freundlichen Rahmen eines genussvollen, sinnerfüllten Liebes- und Arbeitsleben bleiben können.

Einmal habe ich Frömmigkeit so definiert:

> »Wenn ich die Verletzlichkeit von Himmel und Erde und meine eigene elementare Angewiesenheit auf Luft und Boden erkenne, werde ich dankbar für jeden freien Atemzug und jede Stunde, die ich auf festem Boden zubringe. Menschen, die solche Dankbarkeit empfinden, nenne ich fromm. Denn Frömmigkeit ist Dankbarkeit, deren EmpfängerIn man nicht sehen und begreifen kann.«[3]

Frömmigkeit hat also wenig mit einem bestimmten religiösen Bekenntnis zu tun, sondern ist erweiterte Dankbarkeit: eine realistische Einstellung zum Dasein. Sie besteht vor allem darin anzuerkennen, dass ich mich nicht selbst gemacht habe. Durch Geburt bin ich in die Welt eingetreten. Als blutiger, schleimiger, schreiender, fürsorgeabhängiger Säugling bin ich ins Netzwerk menschlicher Bezogenheiten und Beziehungen gekommen. Von Anfang an war ich angewiesen auf die Zuwendung derer, die vor mir da waren; erst allmählich wurde ich auch frei, das Neue, das mit meiner Geburt in die Welt gekommen war, selbst ins Gewebe Welt zu flechten. Bis heute bin ich jederzeit frei und abhängig zugleich. Dass ich jemals unabhängig werden könnte, ist eine Illusion. Auch dass ich je ganz glücklich im Sinne eines paradiesischen Dauerzustands werden könnte, ist ein idealistisch überhöhter Wunsch.

Ein idealistisch überhöhter Wunsch ist nun aber gerade nicht ein frommer Wunsch. Denn Frömmigkeit ist keine idealistische, sondern die

---

3   In Praetorius 2005a, 152.

realistische Einstellung zur Welt, die mir sagt: Du bist und bleibst bezogen und begrenzt. Aber das ist nicht schlimm oder demütigend, sondern eine Realität, die sich gestalten lässt: mit immer neuen Anfängen, die ich ins Zusammenleben einbringe.

Es könnte sein, dass viele Menschen, für die Sucht zum Unheil wird, idealistisch sind, also nicht fromm. Leute, die sich für suchtkrank halten, scheinen zu meinen, man könne Geburtlichkeit abschütteln und einen weltlosen Zustand von Ungebundenheit und vollständigem Genuss erreichen. Ein solcher Zustand existiert aber für Menschen nicht oder eben nur als Halluzination. Zwar lehrt ein großer Teil der abendländischen Philosophie und Theologie, es gehe uns Menschen letztlich genau darum: der Begrenztheit zu entfliehen, und sei es durch den Tod oder nach dem Tod, weil Angewiesensein animalisch sei. Solcher Philosophie glaube ich nicht mehr. Denn indem sie die bleibende Abhängigkeit der Menschen leugnet, schafft sie, was sie vermeiden will: Unheil.

Von einer Tätigkeit, zum Beispiel dem Schreiben, oder einem Stoff, zum Beispiel dem Wein, so begeistert zu sein, dass die Begeisterung an Besessenheit grenzt, ist ein Teil des Lebensgenusses, der jedem Menschen zusteht. Sucht ist normal, denn Abhängigkeit ist normal. Zum Unglück wird die Obsession dann, wenn sie mit dem Glauben an die Möglichkeit absoluter Befreiung verbunden ist. Dem wehrt die Frömmigkeit. Denn als Fromme weiß ich, dass ich mein Leben nicht kontrollieren, nicht verlängern und nicht zum Paradies machen kann – und dennoch frei bin zu handeln und zu genießen.

ARBEITEN HEISST:
DIE WELT WOHNLICH GESTALTEN

Wer im Jargon der Tageszeitungen und der ökonomischen Lehrbücher gefangen ist, setzt noch heute Arbeiten mit Geldverdienen gleich. Denn der androzentrischen[1] Weltsicht zufolge ist »arbeitslos«, wer kein Geld verdient. Und wer Menschen Lohn bezahlt dafür, dass sie tun, was man ihnen vorschreibt, schafft »Arbeitsplätze«.

Zwar haben Feministinnen schon vor dreißig Jahren den Mythos vom arbeitsamen Familienernährer erschüttert, dessen Frau »nur zu Hause« ist. Sie bestanden darauf: Arbeiten bedeutet auch Essen kochen, Babies wickeln, Klos putzen, und zwar mit oder ohne Lohn, einfach weil es notwendig ist. Wo wäre die Menschheit, wenn niemand diese Art von Arbeit tun würde, täglich und manchmal nächtlich, auch ohne Nachtschichtzulage? Warum sollte ausgerechnet das Geld darüber entscheiden, welchen Tätigkeiten wir den Ehrentitel »Arbeit« verleihen? Wäre SINN nicht ein besseres Kriterium? Als Arbeit würden dann nur noch diejenigen Tätigkeiten zählen, die dem guten Zusammenleben aller sechseinhalb Milliarden Würdeträgerinnen und Würdeträger dienen, die in immer neuen Generationen zusammen mit unzähligen anderen Lebewesen den Großhaushalt Welt bewohnen. Würde man Waffenproduktion dann noch Arbeit nennen? Überhaupt: das ganze umfangreiche Kriegshandwerk? Und Börsenspekulation?

Frauen haben mit ihrer Kritik an der Gleichsetzung von Arbeit mit Lohnarbeit eine bedeutsame Debatte in Gang gesetzt. Obwohl sich der größere Teil der ökonomischen Wissenschaft bis heute nicht bequemt

---

1 Vgl. Art. »Androzentrismus« in Elisabeth Gössmann u. a. (Hgg.) 1991 und 2002.

hat, seinen Sprachgebrauch samt seiner Theorie entsprechend zu ändern,[2] wurden doch in vielen Staaten Zeitbudgetstudien erstellt, die alle zu diesem Ergebnis kommen: »Die Welt der bezahlten Arbeit lebt von einer gleich großen Welt der unbezahlten Arbeit.«[3]
Allerdings sind auch die Tätigkeiten von Hausfrauen und -männern nicht schon deshalb sinnvoll, weil man sie jahrhundertelang nicht als Arbeit wahrgenommen, sondern als »Mutterliebe« und »Natur der Frau« missverstanden hat. Auch unbezahlte Tätigkeiten sind zuweilen von eigenartigen Normen bestimmt, die keinen Bezug zum guten Zusammenleben aller Erdenbewohnerinnen und -bewohner erkennen lassen. Soll ich es zum Beispiel sinnvolle Arbeit nennen, wenn jemand täglich alle Fenster in seinem Haus abstaubt, wie es ein Haushaltslehrbuch aus dem Jahr 1911[4] empfiehlt?

Die biblische Tradition stellt das ganze menschliche Leben, also auch alle Tätigkeiten in einen weiten Horizont. Sie durchkreuzt damit viele der heute akuten Konfliktlinien, diejenige zwischen den Erwerbstätigen und den vermeintlich Arbeitslosen ebenso wie die zwischen sogenannten Familienernährern und Hausfrauen. Denn nicht Geld oder Anerkennung oder Tradition bestimmen hier den Wert und Sinn meines Tuns, sondern dies:

Adonaj, deine Gottheit, sollst du achten, für sie arbeiten, an ihr hängen.
(Dtn 10,20)

Jesus von Nazaret hat die anfängliche Weisung in der Bergpredigt so ausgelegt:

So hört nun auf, euch zu sorgen und zu sagen: Was sollen wir essen? Oder: Was sollen wir trinken? Oder: Womit sollen wir uns kleiden? ... Gott, Vater und Mutter für euch im Himmel, weiß ja, dass ihr dies alles braucht. Sucht hingegen zuerst die Welt und die Gerechtigkeit Gottes. (Mt 6,31–33)

---

2 Vgl. aber z. B. Ina Praetorius 2005b.
3 Christof Arn 2000, 35.
4 Emma Führer, Martha Gauss 1911, 159.

Später heißt es in der Regel der benediktinischen Orden: »Ora et labora. Bete und arbeite.« Das bedeutet: Unterbrich immer wieder dein eifriges Tun und frage dich, wem und wozu es dient. Dient es der LEBENDIGEN? Nähre ich, was mich nährt? Suche ich zuerst das Wohl des Großhaushalts Welt? – Gemeint ist quer durch die Jahrhunderte dasselbe: Nicht Geld, nicht Lob, nicht Selbstverwirklichung, nicht Spaß entscheiden darüber, ob eine Tätigkeit sinnvoll ist, sondern GOTT. – Und wer ist GOTT?

Viele Jahre theologischer Neubenennungsarbeit, schließlich die »Bibel in gerechter Sprache«[5] haben uns die Freiheit zurückgegeben, diese Frage jenseits patriarchaler Engführungen alt-neu[6] zu beantworten: GOTT ist die MITTE DES ZUSAMMENSEINS, MACHT IN BEZIEHUNG[7], FÜLLE DES LEBENS.

Und was könnte es konkret bedeuten, alles Tätigsein auf diese MITTE zu beziehen? – Auf diese Frage gibt es so viele Antworten, wie es Menschen gibt:
Marta war gastfreundlich. Sie umsorgte den Mann, der von draußen kam. Er fand, sie solle nicht nur an sein Wohl, sondern ans GANZE denken (Lk 10,38–42). Zachäus versprach, die Hälfte seines Vermögens den Armen zu geben und vierfach zurückzuerstatten, was er erpresst hatte. Ob er sein Versprechen gehalten hat, ist nicht bekannt (Lk 19,1–10). Ein Schweizer Biobauer fährt nach Moldawien und hilft dort einem Kollegen. Eine Philosophin öffnet ihr Haus für Asylbewerberinnen. Jesus hätte Zimmermann werden sollen, wie sein Vater Josef. Er wusste aber, dass er für etwas anderes gebraucht wurde. Er verließ seine Heimat Nazaret, um im Land umherzuziehen und aus unberechenbarer FÜLLE zu leben und um überall DIE LIEBE in die Mitte zu stellen. Eine Frau hat ein Vermögen geerbt. Sie schenkt es nicht den Armen, aber sie nutzt ihre Freiheit, um zu sagen, wofür niemand sie bezahlen würde. Ein Parlamentarier hat die Lügen satt. Er stellt sich hin, bei laufender Fernsehkamera, und sagt, dass er es nicht genau weiß. Nein, er weiß nicht, wie man Vollbeschäftigung herstellen kann. Er ist angewiesen auf andere.

---

5   Ulrike Bail u. a. (Hgg.) 2006.
6   Vgl. zum Alten, das im Neuen wieder erscheint: Othmar Keel 2007a und b.
7   Carter Heyward 1986, 73f.

Er braucht Rat. Er schweigt. Die Kamerafrau stellt die Kamera nicht ab. Sie filmt das Schweigen des Mannes, der nicht weiter weiß. Sie mutet es den Leuten zu.

Arbeiten heißt: die Welt wohnlich gestalten. Auf sechseinhalb Milliarden Weisen.

> TIERE GEHÖREN DAZU

Es gibt Tiere in der Bibel, mehr oder weniger sprichwörtliche: Ochs und Esel im Stall, die Schlange im Paradies, Noahs Taube. Und es gibt Tiere in meiner realen und medialen Umgebung: die freche Fliege auf der Nase, den Kater auf dem Sofa, die tödliche Zecke im Wald, die stinkenden Überreste vorbeugend verbrannter Viehbestände. Einmal fand bei uns im Dorf, genau vor dem Wohnzimmerfenster, eine Viehschau statt. Nachdem ich das von lebhaftem sennischem Brauchtum umgebene Muhen, Stampfen und Dampfen eine Zeitlang beobachtet hatte, setzte ich mich hin, um die Zeitung zu lesen. Da stand: »Brauchen wir noch Bauern?«

So verschieden die Rollen sein mögen, die Tiere in biblischen Texten spielen, eins ist sicher: Tiere gelten als Mitgeschöpfe und gehören dazu. Ohne die Milch und das Fleisch der Ziegen, ohne die Tragkraft des Esels war menschliches Leben im alten Orient nicht vorstellbar. Tiere waren Helfer, Hausgenossen und Lebensmittel, als Wildtiere natürlich oft auch Störung oder Bedrohung. Das Verhältnis zu ihnen scheint unsentimental und vorwiegend freundlich gewesen zu sein. Was sie für die Menschen bedeuteten, fand Ausdruck in vielfältiger metaphorischer Rede, deren Wurzeln oft weit in altorientalische Weltbilder zurückreichen: Der Esel steht für Friedlichkeit, die Taube für die Liebe, der Hirsch für Lebensfreude. Löwin und Gazelle repräsentieren die erschreckende und die liebliche Seite JHWHs, der Geier die Barmherzigkeit. Und die ersehnte Heilszeit erscheint im Bild von Wolf und Schaf, die friedlich beieinander wohnen.[1]

---

1   Othmar Keel, Thomas Staubli 2001.

Heute schimpfen wir einander blöde Kuh oder gemeiner Hund, Verliebte nennen einander Kätzchen oder Mausi. Die Tiere sind nicht aus unserem Leben und Sprechen verschwunden. Aber wirkliche Tiere sind uns in postindustriellen Gesellschaften nicht mehr so nah wie den Menschen aus biblischer Zeit. Katze, Hund und Wellensittich sind zwar noch in vielen Wohnungen zu Hause, aber sie teilen sich den Platz als unterhaltsame Hausgenossen postmoderner Menschen mit dem Fernseher und dem CD-Player. Wer in der Stadt wohnt, bekommt Hühner und Kälber säuberlich zerlegt und verpackt im Supermarkt zu Gesicht. Tierschutz ist zwar ein populäres politisches Engagement, aber nur für wenige ist er Alltagsgeschäft: Während ich es einfach irgendwie gut finde, Tiere zu schützen, investieren meine Nachbarn mehr oder weniger begeistert in den »tiergerechten« Umbau ihrer Ställe, in der Hoffnung, die Milch- und Fleischproduktion möge noch eine Weile rentieren. Unerbittlich steht dennoch in der Zeitung: »Brauchen wir noch Bauern?« Sprich: Brauchen wir noch überschaubare ländliche Produktionsstätten, in denen ein unsentimentales, aber vorwiegend freundliches Gegenüber von Menschen und Tieren lebbar ist und manchmal sogar gelebt wird? Industrielle Fleischfabriken, für deren Mitarbeiter und Mitarbeiterinnen »persönliche« Beziehungen zwischen Tieren und Menschen ins Reich der Kindheitserinnerungen gehören, scheinen zukunftsträchtiger zu wirtschaften als bäuerliche Betriebe.

Viele üben sich deshalb in kulturpessimistischer Klage. Aber es kündigt sich eine Trendwende an: Immer mehr Länder verankern in ihren Gesetzbüchern, dass Tiere nicht länger als Sachen behandelt werden dürfen. In der Schweizerischen Bundesverfassung zum Beispiel steht seit 1993 ein bemerkenswerter Satz:

»Der Bund erlässt Vorschriften über den Umgang mit Keim- und Erbgut von Tieren, Pflanzen und anderen Organismen. Er trägt dabei der Würde der Kreatur sowie der Sicherheit von Mensch, Tier und Umwelt Rechnung und schützt die genetische Vielfalt der Tier- und Pflanzenwelt.«[2]

---

2   Art 24 novies Abs. 3. In der 1999 revidierten Verfassung ist daraus Art. 120, Abs. 2 geworden. Vgl. auch Ina Praetorius 2000, 97–137.

Gegen den Willen diverser Interessengruppen haben die Schweizer Stimmberechtigten am 17. Mai 1992 entschieden, die »Würde der Kreatur« zu einem neuen, von der Verfassung geschützten Grundwert zu erklären. In dieser Entscheidung drückt sich zunächst wohl vor allem die von vielen Menschen geteilte Überzeugung aus, dass Tiere nicht in ihrer Nützlichkeit für Menschen aufgehen. Man streitet heute darüber, ob die Euter von Hochleistungskühen so groß werden dürfen, dass die Tiere kaum noch gehen können. Oder darüber, ob es angeht, mittels Genmanipulation besonders krebsanfällige Mäuse für die klinische Forschung zu züchten. Zwar gehen die Meinungen über die Bedeutung des Begriffes »Würde der Kreatur« bis heute weit auseinander. Aber immerhin streiten wir uns. Und wer sich für ein freundliches Verhältnis zu den Tieren einsetzt, muss nicht mehr gegen das Gesetz kämpfen. Es scheint, als sollten Menschen, zumindest auf lange Sicht, die Chance bekommen zu beweisen, dass sie fähig sind, anständig mit ihren Mitgeschöpfen umzugehen.

Nun ist allerdings die »Würde der Kreatur« nicht einfach gleichzusetzen mit der »Würde von Tieren und Pflanzen«.[3] Der Begriff »Kreatur« meint nicht einzelne Lebewesen, sondern »das von Gott Geschaffene in seiner Beziehung zum Schöpfer, und zwar unter Einschluss des Menschen«.[4] Während Begriffe wie »Tier«, »Pflanze« und »Mensch« für sich stehen und keine Beziehung zueinander erkennen lassen, verweist der Begriff »Kreatur« auf ein Bezugsgewebe, das auf ein sinngebendes Zentrum – GOTT, DEN SCHÖPFER[5] – hin orientiert ist. Der neue Grundwert weist also über die im Bewusstsein vieler Menschen verankerte Gewissheit, dass Tiere mehr sind als nützlich, hinaus auf eine mögliche postsäkulare Denkbewegung:[6] statt – was innerhalb der herkömmlichen Rechtslogik durchaus möglich wäre – »Tierwürde« als isolierten Rechtsbegriff der »Menschenwürde« zur Seite zu stellen, ließe sich DAS GANZE neu (oder wieder) als sinnhaltiges Beziehungsnetz denken. Würde käme vor diesem neu gedachten Hintergrund Menschen, »Tieren, Pflanzen und anderen Organismen« nicht zu, weil sie, wie es Immanuel Kant für die

---

3 Johannes Fischer 2007.
4 Ebd. 6.
5 Kreatur von lat. *creare*, erschaffen.
6 Vgl. dazu Jürgen Habermas 2001.

»Menschenwürde« festlegte,[7] besondere Eigenschaften haben, sondern weil sie Teil einer einzigartigen, verletzlichen FÜLLE sind, aus der wir alle, Menschen, Tiere, Pflanzen und andere Organismen, leben.

---

7   Vgl. in diesem Band, Unterwegs in eine wohnliche Welt, S. 59.

> TRANSPARENZ

Es wäre gut, wenn wir Menschen Zeiten und Orte hätten, an denen wir öffentlich über den Sinn des Ganzen nachdenken. Gottesdienste könnten solche Orte werden, und manchmal sind sie es schon. Allerdings findet der wichtigste muslimische Gottesdienst am Freitag statt, Jüdinnen und Juden feiern vor allem am Samstag, Christinnen und Christen am Sonntag. Und in vielen Religionen gibt es keinen speziellen Wochentag, der für die Feier der gemeinsamen Sinnbezogenheit vorgesehen ist. Schon an solchen Unterschieden zeigt sich, dass Gottesdienste, auch wenn sie de facto oft der öffentlichen Sinnsuche dienen, ursprünglich etwas anderes bedeuten.

Theologisch ist der Gottesdienst weniger als Zeit weltoffener Nachdenklichkeit definiert, eher als Feier, in der sich eine Gemeinde von Gläubigen ihrer *besonderen* Beziehung zu Gott vergewissert. Verschiedene, meist schon sehr alte Formen der Gemeinschaftsbildung – Gebet, Lied, Glaubensbekenntnis, Schriftauslegung, Schweigen usw. – geben solchen Feiern ihr Gepräge. Viele dieser Formen wurzeln in rituellen Vollzügen, die Menschen vor langer Zeit erfunden haben, um ihr Zusammenleben zu ordnen und sich eine gemeinsame, von anderen abgegrenzte Identität zu geben. Ohne Singen und Tanzen zum Beispiel, ohne gemeinsame Mahlzeiten, ohne Ansprachen und mehr oder weniger ritualisierte Palaver ist menschliche Kultur und Gemeinschaft schwer vorstellbar. All diese ursprünglichen Elemente des gemeinsamen Lebens finden sich bis heute in gottesdienstlichen Feiern. Oft schließen sie Menschen, die sich nicht dieser, sondern einer anderen oder keiner religiösen Gruppierung zugehörig fühlen, ausdrücklich aus.

Lässt sich in Räumen, die in erster Linie der Identitätsbildung von Gruppen dienen, über den Sinn des Ganzen nachdenken?

Obwohl es seit der Entstehung christlicher Gottesdienste in den ersten Jahrhunderten nach der Zeitenwende viele liturgische Erneuerungsbewegungen gegeben hat, ist in Gottesdiensten aller Konfessionen bis heute die zweigeteilte Weltordnung spürbar, die sich damals im Mittelmeerraum etablierte: Noch heute spricht in den meisten christlichen Gottesdiensten ein männlicher Amtsträger von einem erhöhten Standpunkt, zum Beispiel einer Kanzel aus, zu einer Gemeinde, deren wesentliche Aufgabe im Zuhören besteht. Moderne Kirchenräume geben zwar manchmal zu erkennen, dass der Architekt und seine Auftraggebenden sich bemüht haben, das Gefälle von Klerus und Laienstand durch bauliche Maßnahmen zu mildern. Solche Räume sind zum Beispiel rund, geben keine feste Sitzordnung vor oder lassen die Trennung von Altarraum und Kirchenschiff nicht mehr erkennen. Die meisten Kirchen aber, und zwar gerade diejenigen, die den Gebildeten als kunsthistorisch wertvoll gelten, bilden die alte zweigeteilte Ordnung ab: vorne und oben, oft durch Sperren vom gemeinen Volk getrennt, amtet und lehrt der Klerus. Unten, eher hinten sitzt die hörende, allenfalls rituell antwortende Gemeinde.

Lässt sich in Räumen, die ausdrücken, dass die einen zum Sprechen, die anderen zum Besprochenwerden da sind, gemeinsam über den SINN DES GANZEN nachdenken?

Nun gibt es allerdings in vielen, vielleicht allen Religionen die Überzeugung, dass der Gottesdienst nicht beendet ist, wenn die Leute den heiligen Bezirk verlassen. Denn die gelingende Beziehung zum Göttlichen, so heißt es, erweist und bewährt sich im Grunde jenseits des Rituals: in den Lebensbereichen, die man »Alltag« nennt, gerade auch im Handeln gegenüber Fremden. So haben die Prophetinnen und Propheten des Alten Israel einen Kult, der sich selbst genügt, statt sich als gutes Zusammenleben auszuwirken, so hartnäckig kritisiert, dass sich daraus eine eigenständige Tradition, die sogenannte »Kultkritik« entwickelt hat. An diese weltbezogene Kritik des selbstzufriedenen Kultus knüpft auch Jesus von Nazaret an, wenn er zum Beispiel sagt:

Der Sabbat ist für die Menschen da und nicht die Menschen für den Sabbat.
(Mk 2,27)

Und der Kreuzestod Jesu wird zwar oft noch in der Tradition des kultischen Sühnopfers, gleichzeitig aber als dessen endgültiges Ende gedeutet.[1] Der theologische Bruch mit der Vorstellung, GOTT wolle oder brauche bestimmte rituelle Leistungen jenseits der Liebe zur Welt, hat allerdings nicht verhindern können, dass man auch im Christentum wieder Heiligtümer geschaffen hat, die sich als geweihte Innenräume einem profanen Außen gegenüber verschließen. Zwar sind auch in der Geschichte des Christentums immer wieder Kultkritikerinnen und Kultkritiker aufgetreten, die darauf bestanden, dass Jesus Christus nachzufolgen nicht bedeutet, sich in einem Tempel von einem Priester ein exklusives Heil zusprechen zu lassen. Martin Luther zum Beispiel sprach vom »weltlichen Gottesdienst«.[2] Er meinte damit, dass vor GOTT »alle Werke gleich viel gelten«,[3] sofern sie aus Glauben, also aus Gottvertrauen fließen. Die protestantischen Kirchen sind dennoch in vielem der zweigeteilten Weltordnung verhaftet geblieben, haben zum Beispiel erst mit ungefähr vierhundert Jahren Verspätung Frauen, das gemäß der vergehenden Ordnung »niedere« Geschlecht, zum geistlichen Amt zugelassen. Spricht Ernst Troeltsch, der kritische Erforscher des Protestantismus, deshalb im Jahr 1906 von »lauter Prinzipienlosigkeiten und Haltlosigkeiten«, die sich im Protestantismus fortsetzen »bis zum heutigen Tage«?[4]

Wenn ich heute in einen reformierten Sonntagsgottesdienst in meiner Heimatgemeinde gehe, dann werde ich im allgemeinen begrüßt mit den Worten »Im Namen Gottes, des Vaters und des Sohnes und des Heiligen Geistes«. Es ist faszinierend sich vorzustellen, dass diese zwölf Worte für jeden und jede, die mit mir in diesem klassisch-nüchternen Raum sitzen, etwas anderes bedeuten. Der eine fasst sie vielleicht als eine Art magische Formel auf, mit der die Pfarrerin uns alle auf Rechtgläubigkeit einschwört. Eine andere sieht womöglich drei himmlische Männer vor sich. Die dritte fühlt sich einfach zu Hause, weil ihr, was da gesagt wird, schon als Kind lieb und vertraut war. Und ich übersetze mir die vertrauten Worte heute so: »Im Namen des umfassenden SINNS, der

---

1 Hans Jörg Fehle 1999.
2 Martin Luther 1983 (1520).
3 Ebd. 52.
4 Ernst Troeltsch 2001 (1906), 256.

lange vor mir da war und lange nach mir da sein wird, von dem mir meine Vorfahrinnen und Vorfahren viel Gutes erzählt haben. Im Namen Jesu Christi, in dem LIEBENDE BEZOGENHEIT erfahrbar wurde. Und im Namen der HEILIGEN GEISTKRAFT, die dazwischen weht, wo sie will und wo sie gebraucht wird.« Die Worte weben ein Netz zwischen uns und weit über uns hinaus, sie nehmen in jedem und jeder eine neue Bedeutung an und bleiben dennoch dieselben. Vielleicht werden sie sich auch mir schon morgen neu verständlich machen. Dass sie sich niemals als festgelegter »Inhalt« einfrieren lassen, dafür ist die Bewegung, aus der ich komme, das beste Beispiel: die Feministische Theologie, die wie kaum eine andere Kultkritik INTER-ESSE in Kirchenräume hinein und aus ihnen hinaus in die Welt geweht hat.

Heute werden die Präpositionen »inter« und »trans« immer wichtiger. »Inter« bedeutet »zwischen«, »trans« bedeutet »durch/hindurch«. Es gibt internationale Beziehungen, interreligiöse Gespräche, transkulturelle Sozialarbeit und transdisziplinäre Forschung. Auch der Schwerpunkt des theologischen Denkens hat sich, ohne dass man sich dessen schon überall bewusst geworden wäre, von der Identitätssicherung auf die interreligiöse Verständigung verschoben. Nach dem Tsunami, der an Weihnachten 2004 die Küsten Südasiens überrollt hat, gab es, als sei das selbstverständlich, eindrückliche transreligiöse Feiern. Es ging in diesen Feiern nicht darum, unterschiedliche Traditionen einzuebnen zu der einheitlichen Vernunftreligion, die sich einige europäische Aufklärerinnen und Aufklärer der Einfachheit halber gewünscht haben, aber auch nicht um die herkömmliche gottesdienstliche Identitätssicherung. Vielmehr brachten Menschen verschiedenen Herkommens auf je eigene Weise ihre Betroffenheit darüber zum Ausdruck, dass alle gleichermaßen den Naturgewalten ausgeliefert, dass gleichzeitig die Überlebenden zum Weiterleben aufgefordert sind.

Manchmal wird mir auch ein ganz normaler Gottesdienst transparent auf seine zukünftige Aufgabe: Dereinst werden Gottesdienste Zeiten und Orte des unaufgeregten feiernden Nachdenkens darüber sein, dass alle Menschen geburtlich, bedürftig, verletzlich, sterblich und frei sind und deshalb eines gemeinsamen Haushaltes bedürfen, in dem sie in Frieden zusammen mit unzähligen anderen Wesen leben können.

> ERNTEDANK SCHÖPFUNGSZEIT
Zu Ps 104

Einmal kam ich mit einem Wissenschaftler ins Gespräch, der meinte, es gebe heute überhaupt keine Natur mehr, denn die ganze Welt sei vom Menschen vollkommen domestiziert. Wer meine, er könne noch irgendwo auf der Welt einen neuen wilden Westen entdecken, mache sich gehörig Illusionen.

Der Mann hat recht, fand ich im ersten Moment. Hier in Mitteleuropa ist es inzwischen wirklich schwierig geworden, sich weit genug von menschlichen Behausungen zu entfernen, um Angst vor dem Verlassensein zu bekommen. Und auch in anderen Weltgegenden finde ich oft die Natur gezähmt vor: Strände mit allem Komfort, regulierte Flüsse, ausgeschilderte Wege, Parks statt Urwald.

Andererseits: Was meint dieser Mann eigentlich, wenn er »Natur« sagt? – Er meint die sogenannt unberührte Natur. Aber ist denn nicht alles, was mich umgibt, Natur oder aus Natur? Kann ich ein einziges Blütenblatt selbst machen oder eine Orange, einen Wassertropfen? – Nein, und daran ändert auch die Tatsache nichts, dass Menschen Wasserläufe begradigen, Häuser bauen und neue Rosensorten züchten können. Auch ich selbst bin Natur, bestehe aus denselben Stoffen, aus denen alles besteht, was mich umgibt: Wasser, Mineralien, Aminosäuren, Kohlenhydrate ... Woher all das stammt, weiß ich nicht, und nichts, aber auch gar nichts davon kann ich selbst herstellen. Der Begriff »Natur« leitet sich vom lateinischen Verb »nasci« ab, das »geboren werden« bedeutet. Wie ich selbst geboren wurde, mich also nicht mir selbst verdanke, so kann ich auch nichts von dem, was mich umgibt und was ich zum Leben brauche, selbst machen.

Scharfsinnige Kritik an dem, was Menschen aus der »wilden Natur« gemacht haben, ist sicher berechtigt. Sie wird dann zum angemessenen Handeln führen, wenn sie grundiert ist von der Dankbarkeit dafür, dass wir alle in eine reiche Welt hineingeboren wurden, die wir nicht selbst gemacht haben. Ich kann zwar Texte schreiben, aber das Holz, aus dem andere Menschen das Papier herstellen, auf das meine Texte gedruckt werden, das hat EINE ANDERE wachsen lassen. Und der Geist, in dem meine Texte sich auf wundersame Weise bilden, ist auch nicht mein Werk. Ich kann zwar Kartoffeln zu einem schmackhaften Gericht verarbeiten, aber andere Menschen haben die Kartoffeln gepflanzt, gepflegt, geerntet, verpackt und in meine Nähe transportiert. Und gäbe es da nicht dieses GEHEIMNIS, das dafür sorgt, dass es überhaupt Kartoffeln gibt und dass sie auf wundersame Weise wachsen, so wären all diese Menschen, die für mich gearbeitet haben, unfähig, etwas Essbares in meine Küche zu liefern. Auch den Strom, der macht, dass das Wasser, in das ich die Kartoffeln lege, damit sie weich werden, heiß wird, habe ich nicht selbst hergestellt, auch nicht das Gas, das meine Wohnung heizt. Und wenn der Herd oder die Heizung kaputtgehen, kann ich sie nicht selbst reparieren. Immer und überall bin ich angewiesen auf andere Menschen, die anderes können als ich. Und alle zusammen sind wir abhängig davon, dass es Luft zum Atmen gibt, dass die Sonne scheint und Regen vom Himmel fällt, dass jeden Frühling von Neuem Milliarden Blätter sprießen.

Die Welt ist ein großes Wunder und ich bin mittendrin. Nicht ich habe mich gemacht, sondern meine Mutter hat mich geboren. Und wie ich, als ich meine Tochter geboren hatte, stand sie damals, vor ungefähr einundfünfzig Jahren, überwältigt vor dem Wunderwerk, das jedes neugeborene Gotteskind ist. Es war aus ihrem Bauch herausgekommen. Aber wer es dort hatte wachsen lassen, das konnte auch sie nur ahnen.

Das Erntedankfest erinnert mich daran, dass fast alles, was mich umgibt und was ich brauche, Geschenk ist. Auch ich selbst bin Geschenk für die Menschen, die ich liebe, und sie für mich. Es gibt ein altmodisches Wort für die realistische Einstellung, jeden Tag meines Lebens als Erntedankfest zu begehen: Gotteslob.

Als ich noch jung war, konnte ich nicht begreifen, was es mit diesem Gotteslob auf sich hatte, da doch so vieles danebenging in dieser Welt. Warum passt Gott nicht auf? Warum soll ich Gott loben, wenn er nicht besser aufpasst? Heute weiß ich weniger denn je, was ich mir vorstellen soll, wenn jemand vom SCHÖPFER spricht. Aber dass es viel zu loben gibt, das weiß ich inzwischen so gut wie der Psalmist:

Segne Die Eine, du meine Lebenskraft!
Die Eine, meine Gottheit – so groß bist du!
Majestät und Glanz kleiden dich.
Die sich in Licht hüllt wie in einen Umhang,
den Himmel ausspannt wie eine Zeltbahn.
Die ihre Wohnung hoch im Wasser baut,
Wolken zu ihrem Gefährt bestimmt,
auf den Flügeln des Sturms spazieren geht.
Die Stürme zu ihren Boten macht,
zu ihren Dienerinnen die Feuerflammen.
Gegründet hat Sie die Erde auf ihren Fundamenten,
dass sie nicht wanke – immer und alle Zeit. (Ps 104,1–5)

ZEIT DER ÜBERGÄNGE

> TRANSFORMATION

Die protestantische Tradition gilt als karg, und sie ist es auch. Sie fordert mich auf, das LIEBENDE LEBENDIGE in die Mitte meines Daseins zu stellen. Keinen Rauch, fast keine Bilder, nur wenig Kerzenlicht und feststehende Riten, in die ich meinen Wunsch nach sinnerfülltem Dasein einhüllen könnte, bietet sie mir an. Die Bibel soll ich lesen, das Unservater sprechen, die Predigt hören, hin und wieder das Abendmahl feiern. Meine Arbeit soll ich gut machen, der Welt treu bleiben und darauf vertrauen, dass MACHT IN BEZIEHUNG[1] schon für mich gesorgt hat, bevor ich mir Sorgen mache. Mehr ist da nicht zu holen. Das ist wenig, und bei weitem genug für ein ganzes Leben.

Als ich vor einigen Jahren begonnen habe, eine Frömmigkeitspraxis jenseits einverleibter patriarchaler Blockaden für möglich zu halten, war ich zwar noch zu misstrauisch, um mein Warten auf ein kommendes Besseres von der Tradition formen zu lassen.[2] Dass gewöhnliche reformierte Sonntagsliturgien mit Lob, Dank, Klage, Liedern, Schuldbekenntnis, Schriftlesung und -auslegung, Stille, Fürbitte, Unservater, Mitteilungen und Segen bestimmte wiederkehrende Elemente enthalten, war mir zwar bekannt. Aber bevor ich begreifen konnte, dass in diesen überlieferten Redeformen und Gesten die Weisheit meiner Vorfahrinnen und Vorfahren verborgen liegt, die mir den Weg zum guten Dasein zeigen wollen, musste ich zahllose Vorstellungen von gläubiger Korrektheit abstreifen, die sich in mir angesammelt hatten: Wer richtig betet, sitzt aufrecht, ist anständig angezogen, faltet die Hände, schweift nicht ab, schläft nicht ein, konzentriert sich aufs Wesentliche, denkt

---

1   Vgl. Carter Heyward 1986, 73ff und passim.
2   Vgl. dazu: Ina Praetorius 2002, 165–169

nicht an sich, sondern nur an die anderen. Erst allmählich habe ich erkannt, dass es das Vertrauen auf das unbedingte göttliche INTERESSE[3] war, das mich zur Disziplinlosigkeit und damit zum schrittweisen Abschied von ritueller Gesetzlichkeit befreit hat. Eben dieses Vertrauen auf die unbedingte Zusage ICH BIN DA (Ex 3,14) bildet, auch wenn es vorerst meist anders benannt wird, ausdrücklich die Mitte der protestantischen Tradition.

Sicher ist auch in anderen religiösen Gemeinschaften postpatriarchales Experimentieren möglich. Aber ich kenne keine andere Kirche, die mir und allen so ausdrücklich den Auftrag erteilen würde, in persönlicher Sinnbezogenheit den jeweils erreichten Status quo zu überschreiten. Oder wie sonst soll ich den Satz vom Priesterinnen- und Priestertum aller Gläubigen und von der stets sich erneuernden Kirche – *ecclesia semper reformanda* – verstehen? In dieser Tradition muss ich kein schlechtes Gewissen haben, wenn ich als ...

»... eigenwillige ... Person ... immer wieder das überschreite, was bislang ... als rechter Glaube verstanden wurde.«[4]

Respektvoll spielerisch, bezogen-frei[5] knüpfe ich an mein Herkommen an und gehe weiter. Dass ich dabei nicht in Sackgassen gerate, dafür sorgt, so hoffe ich, meine Obrigkeit: die gottesdienstliche Gemeinschaft der gläubigen Frauen und Männer.
Spätestens seit Bischöfin Margot Käßmann am 29. Mai 2005 zum Abschluss des dreißigsten Deutschen Evangelischen Kirchentags in Hannover das Abendmahl ausgeteilt hat, weiß ich allerdings, dass das demokratische Verständnis von Obrigkeit mehr sein kann und soll als ein antipäpstliches Programm. Demokratie und geistliche Autorität schließen einander nicht aus, im Gegenteil: Wenn durch eine demokratische Verfassung gesichert ist, dass Autorität nicht in Durchsetzungsmacht umschlagen kann,[6] ist ihre Entfaltung erst möglich. Dass die weibliche

---

3   Lat. *inter-esse*, dazwischen-sein.
4   Andrea Günter 2000, 118.
5   Vgl. Ina Praetorius Hg. 2005.
6   Zum hier vorausgesetzten Verständnis der Begriffe »Macht« und »Autorität« vgl. Diotima 1999.

Verkörperung von Kirchenleitung in der reformierten Schweiz, anders als anderswo, ohne viel Aufhebens vonstatten gegangen ist,[7] entspricht dem reformierten Verständnis des Leitungsamtes und begeistert mich. Diese Entwicklung zeigt deutlich, dass der Satz von der sich stetig reformierenden Kirche kein hohles Dogma, sondern gelebte Wirklichkeit ist, die allmählich die Metaphysik vom kontrollierenden höheren Männlichen, dem ein kontrollbedürftiges dienendes Weibliches untergeordnet ist, überwindet. Ich bin zuversichtlich, dass die vielen Frauen, die jetzt in kirchlichen Leitungsämtern ihre Erfahrungen sammeln, wissen, dass sie mehr sein dürfen und mehr sein sollen als Vereinspräsidentinnen: sie sollen geistkörperliche weibliche Autoritäten sein, gewählt vom Volk, um die stete Transformation der Kirche zum GUTEN SINN DES GANZEN[8] hin, GOTTWÄRTS[9], sichtbar zu machen.

Aufgehoben in NÄHRENDER BEZOGENHEIT soll ich der Welt treu bleiben, mein Tagewerk gut machen und »um Gottes Willen etwas Tapferes tun.«[10] Noch immer wird zwar auch in evangelischen Gemeinden viel darüber spekuliert, wie es denn nun genau aussieht, das Jenseits, ob wir wirklich ein Leben nach dem Tod erwarten dürfen und ob das Grab Jesu am Auferstehungsmorgen tatsächlich leer war. Die Herausforderung des Gottvertrauens, das der Hingabe ans Hier und Jetzt vorausgeht, liegt aber darin, alles Grübeln über Fragen, die wir nie und nimmer werden beantworten können, sein zu lassen und der ANDEREN anzuvertrauen, die weiter ist als meine Vernunft:

»Befiehl GOTT deine Wege und hoffe auf IHN, SIE wird's wohl machen.«[11]

Solches Gottvertrauen, das war den Reformatorinnen und Reformatoren noch selbstverständlich, ist auf tägliches Üben angewiesen. Einmalige Einsicht genügt nicht, denn sie ist gefährdet durch Angst, Resignation, Zynismus und viel vermeintliches Besserwissen. Die Notwendigkeit

---

7   Vgl. Claudia Bandixen u. a. (Hgg.) 2006.
8   Vgl. Ina Praetorius 2005a, 119–122.
9   Vgl. Carola Moosbach 2000, 39.
10 Überlieferter Ausspruch von Huldrych Zwingli.
11 Nach Paul Gerhardt, Befiehl du deine Wege, in: Evangelisch-reformiertes Gesangbuch der deutschsprachigen Schweiz, Nr. 680. Variiert von I.P.

des täglichen Einübens ins vertrauensvolle Nichtwissen entdecken die Protestantinnen und Protestanten erst neuerdings wieder, nachdem sie sich lange als aufgeklärte Speerspitze des Christentums und denen überlegen gefühlt haben, die geistliche Praxis »noch« nötig haben.[12] Gerade wir, die wir uns nichts vormachen, brauchen aber das tägliche Gebet, um nicht zu verzweifeln oder abzustumpfen.

Wie soll es aussehen, jenseits der vergehenden, aber noch wirkmächtigen Vorstellung, dass irgendwo oben ein Mann sitzt, dem wir Unterwerfung schulden, weil er aus Liebe zu uns seinen Sohn geopfert hat, obwohl wir doch so böse sind?

Bei mir geht es inzwischen ungefähr so:
Nachdem ich schon am Morgen den Lauf der Dinge, und sei er noch so spannend oder drängend, unterbrochen habe, erwarte ich, was erscheint. Oft zieht, was in der vergangenen Zeit geschehen ist, in mir vorüber. Manchmal stellt sich etwas direkt vor mich hin, das, hätte ich mich der Logik des Alltäglichen überlassen, unbeachtet geblieben wäre: eine Mail will beantwortet, eine Pflanze umgetopft, ein Buch gelesen sein. Das merke ich mir, um es möglichst bald Wirklichkeit werden zu lassen. Dann kommen Lob und Dank, zumindest dafür, dass ich noch da bin, meist für mehr: für das Licht, das Wohlsein meiner Lieben, einen Erfolg. Was zu Klagen Anlass gibt, wird beklagt, oft nur ein Ärger, eine Kränkung, eine Unfähigkeit zu vergeben oder die Unlust am Kommenden. Ich lege das ab, so gut es eben geht. Manchmal werde ich mir einer konkreten Schuld bewusst, und ich denke daran, dass auch heute wieder Tausende von Menschen vor der Zeit sterben werden. Ich werde mich nicht daran gewöhnen. Täglich will vergegenwärtigt sein, dass ich mitschuldig bin, weil ich in derselben Welt lebe wie diese Menschen und ihren Tod nicht verhindere.
Danach bete ich:

---

12 So schreibt z. B. Immanuel Kant in einem Aufsatz »Vom Gebot«: »..., derjenige, welcher die vom Gebete gerühmten Wirkungen auf eine andere Weise erreichen kann, wird desselben nicht nötig haben. ... Daher kommt es auch, dass derjenige, welcher schon große Fortschritte im Guten gemacht hat, aufhört zu beten.« (Immanuel Kant, Werke Bd. 6, 391).

Du Himmel zwischen uns,
Geheiligt werde dein Name,
Dein Reich komme,
Dein Wille geschehe
Wie im Himmel so auf Erden.
Unser tägliches Brot gib uns heute
Und vergib uns unsere Schuld,
Wie auch wir vergeben unseren Schuldigern
Und führe uns nicht in Versuchung,
Sondern erlöse uns von dem Bösen.
Denn dein ist das Reich und die Kraft
Und die Herrlichkeit
In Ewigkeit, Amen.

(Mt 6,9–13)

Meistens macht das Gebet des Jesus von Nazaret mich frei, mir die Aufgaben dieses Tages zurechtzulegen. Ich blase also die Kerze aus und gehe an die Arbeit. Abends, vor dem Essen, der Telenovela und den Nachrichten, unterbrechen wir uns noch einmal, in Gemeinschaft. Ein wenig geordneter geht es dann zu, weil zwei oder mehr Leute sich aufeinander abstimmen. Lieder kommen dazu, eine Schriftlesung, gemeinsame Stille, ausgesprochene Fürbitten, der Segen zum Schluss.

Es sind die schlichten, lebensfreundlichen Elemente des evangelischen Gottesdienstes, die meinem Warten allmählich eine Form geben. Es ist ein postpatriarchaler Neuanfang mit Tradition, ein inneres Aufräumen.[13]

Am Sonntag gehe ich in den Gottesdienst. Einmal habe ich nachgezählt: Über fünfzig Mal wurde DIE LIEBE (1 Joh 4,8b) »Er« oder »Herr« genannt.[14] Die neuen guten Worte sind oft noch draußen. Trotzdem fühle ich mich zu Hause, denn was hier geschieht, habe ich mir anverwandelt. Die Worte und Gesten sind transparent geworden für das KOMMENDE ANDERE.

---

13 Vgl. Ina Praetorius 2005a, 76f.
14 Vgl. dazu z. B. Evangelisch-reformiertes Gesangbuch der deutschsprachigen Schweiz, Nr. 128.

Und manchmal gehe ich in einen Frauengottesdienst. Da wird viel ausprobiert mit Worten, die mir aus der feministisch-theologischen Literatur vertraut sind, mit Tanz und Szenerie, mit Kreisen und Symbolen. Auch das ist fremd und gut zugleich.

Die Zuversicht, dass die jahrhundertelang bestenfalls mitgemeinten Frauen und die Männer, die sich ebenso lang mit dem »Menschen an sich« verwechselt haben, einander treffen werden in der *Ecclesia semper transformanda*, ist gewachsen. Auch die Geduld ist gewachsen. Irgendwann werden die Menschen gut zusammenleben in einer Welt, in der alle genug zu essen und sauberes Wasser zu trinken haben, in der sie glücklich sind und einander respektieren in ihrer Verschiedenheit, in der sie täglich neu geboren nähren, was sie nährt: das Bezugsgewebe menschlicher Angelegenheiten,[15] den Haushalt GOTTES.[16]

---

15 Vgl. Hannah Arendt 1981, 171–180 und passim.
16 Vgl. Ina Praetorius 2002.

> STERBEN IN BEZOGENHEIT

Das Haus, in dem ich wohne, liegt leicht erhöht an einem Abhang mit Blick auf den Friedhof. Besucherinnen und Besucher, die zum ersten Mal einen Blick aus unserem Wohnzimmerfenster auf die vielen Gräber werfen, reagieren unterschiedlich. Ständig den Tod vor Augen zu haben, wäre ihnen unangenehm, sagen die einen. Die anderen können verstehen, dass mir diese Nachbarschaft guttut, dass ich sogar manchmal, wenn sich da unten wieder einmal eine Trauergemeinde versammelt, eine Art Vorfreude empfinde. Irgendwann werde auch ich so daliegen, umringt von nachdenklichen, vielleicht erschütterten, vielleicht sehr traurigen Menschen; ein Pfarrer wird tröstliche Worte sprechen, jemand wird meinen Lebenslauf vorlesen. Jetzt stehe ich noch an meinem Wohnzimmerfenster, habe viel zu tun, plane die Zukunft. Gleich werde ich in die Küche gehen, mir Tee kochen und mich mit der Tasse an den Schreibtisch setzen, um die Welt zu bewegen. Es ist gut, hin und wieder aus dem Fenster zu schauen, hinunter zu den Gräbern, an denen sich, auch wenn gerade keine Beerdigung im Gange ist, fast immer Leute zu schaffen machen mit Blumen und Gießkannen. Oft sprechen sie miteinander, manchmal streicheln sie unsere Katze, die sich gern auf dem Friedhof herumtreibt, und oft steht jemand ganz ruhig vor einem Grab.

In der Zeit um den Ewigkeitssonntag, wenn die Nächte schon lang sind, gehen die Leute noch öfter auf den Friedhof als sonst. Sie zünden dann besonders viele dieser kleinen Kerzen an, die in roten Plastikhüllen stecken und also rot leuchten. Wer einen nahen Menschen verloren hat, fragt sich jetzt unwillkürlich, ob er in der kalten Erde wohl friert. Die Lichter brennen die ganze Nacht. Manchmal fällt Schnee darauf. Dann sieht das Gräberfeld aus wie ein liegender Christbaum mit vielen rot leuchtenden Kugeln und Lichtern.

Früher, bevor Immanuel Kant eine deutliche Grenze gezogen hat zwischen dem Erkennbaren und dem Nichterkennbaren, sprachen, so stelle ich mir vor, viele Menschen über ein Leben nach dem Tod, als seien sie selbst darin gewesen. Auch heute gibt es noch Leute, die sagen, sie wüssten, wie es aussieht, das Jenseits. Ich weiß es nicht. Wenn mich ein Kind fragt, wo die tote Oma jetzt ist, dann sage ich: Ich weiß es nicht, aber ich glaube, dass es ihr gut geht. Das Kind will mehr wissen, aber ich weiß nicht mehr. Sagen zu können, dass es der Oma gut geht, ist schon viel. Viel zu viel, sagen kritische Philosophen, obwohl auch sie manchmal mehr wissen, als zu wissen sie sich zugestehen dürften. Ludger Lütkehaus, zum Beispiel, scheint zu wissen, dass jenseits von Geburt und Tod Nichts ist:

»Nur aus der Sicht des Lebens ist das ‚Nicht' der Nichtgeburt ein defizienter Modus von Sein, seine temporale Struktur die eines Noch-Nicht, wie auf der anderen Seite der Tod nur aus der Sicht des Lebens das Nicht-Mehr, die Beraubung des Seins meint. Die Ungeborenen aber sind schlicht nicht.«[1]

Woher weiß Ludger Lütkehaus, dass die Ungeborenen nicht sind? Hat er einen Blick über die Grenze getan und das Nichtsein gesehen?

Eine Frömmigkeit, die sich von metaphysischen Spekulationen abhängig macht, seien es solche über Himmel und Hölle oder über Nichts, ist mir nicht mehr möglich. Wir können einander von unseren Wünschen erzählen, von der Angst, vom Zorn, nicht hinüberschauen zu können, von der Hoffnung. Mehr geht nicht. Es ist so beängstigend wie tröstlich, dass vor dieser unüberschreitbaren Grenze niemand, kein einziger Mensch, mehr tun kann als erzählen. – Immerhin erzählen. Seit einiger Zeit sind Kulturen der Sterbe- und der Trauerbegleitung im Entstehen. Theologinnen und Theologen, seltsamerweise auch viele Philosophen, sind noch immer geneigt anzunehmen, solche Kulturen seien nicht das Eigentliche, sie seien nur Vorstufe oder praktische Anwendung von

---

1   Ludger Lütkehaus 2006, 86.

etwas Anderem, dem Eigentlichen: Glauben, Unglauben, Spekulieren, Wegspekulieren. Was aber bleibt uns zu tun als einander zu begleiten, vom Anfang bis zum Ende? In Beziehung bleiben ist das Eigentliche in einer Welt, die den vermeintlichen Gegensatz von Lehre und Anwendung hinter sich gelassen hat.[2]

Es ist gut, in einem Haus zu wohnen, das leicht erhöht an einem Abhang über dem Friedhof liegt. Ich übe mich ein in Endlichkeit, jedes Mal, wenn ich ans Wohnzimmerfenster trete. Da unten steht jemand ganz ruhig vor einem Grab. Niemand hat diesen Menschen gefragt, ob er leben will. Niemand hat ihm versprochen, zu leben werde einfach sein. Aber dass es je so verzweifelt werden könnte, das hat dieser Mensch nicht für möglich gehalten, vorher, als es dieses Grab noch nicht gab, vor dem er jetzt steht. »Da musst du jetzt eben durch ...«, sagen wohlmeinende Freundinnen und Freunde, weil ihnen nichts anderes zu sagen einfällt. Was sollte ihnen anderes einfallen?

Endlichkeit einüben, gewaltsamen Tod nicht zulassen, einander begleiten: das können wir tun angesichts des Todes. Es ist viel mehr als nichts, und es ist das Eigentliche: Auferstehung.

---

2   Vgl. Ina Praetorius 2005a, 59–71, 141–150.

> EINE VERTRAUENSAUSSAGE

Die herkömmlichen Glaubensbekenntnisse fühlen sich manchmal wie steife Kleider an. Obwohl sie überall drücken und klemmen, kann man sie sich durchaus anziehen. Zuweilen sehen sie gut aus: klassisch, gebügelt. Sie bieten den Schutz der Unauffälligkeit, wie alles Konventionelle – zumindest solange man sich nicht in die Gesellschaft derer mit den lässigen Klamotten begibt. Denn die müssen ein bisschen lächeln über Leute, die im schwarzen Hosenanzug daher kommen: wozu so förmlich?

Es macht mir nichts aus, in einem Gottesdienst das Nicäno-Konstantinopolitanum, das Große Glaubensbekenntnis zu sprechen. Nicht immer und überall muss man eigene Worte gebrauchen. Alte Worte sind würdevoll und nicht jedes Kleid muss bequem sein. Ein klassischer Anzug sagt aus, dass ich mich in eine Tradition stelle und nicht jederzeit auffallen will. Die Weisheit vieler Generationen ist in den alten Texten aufgehoben. Aus der FÜLLE dieser Weisheit lebe ich.

Und aus dieser FÜLLE heraus kann ich neue Worte sagen. Sie wollen das überlieferte Glaubensbekenntnis nicht aus der Welt schaffen. Sie geben mir die Freiheit, die Weisheit meiner Vorfahrinnen und Vorfahren so weiterzusagen, wie ich sie verstanden habe:

Ich vertraue darauf, dass mein Leben SINN ergibt:
mein Leben als ein Teil des Bezugsgewebes Welt.
Sechseinhalb Milliarden Menschen, ungefähr, leben heute in der Welt,
zusammen mit unzähligen anderen Lebewesen.
Täglich gehen Menschen weg aus der Welt,
und täglich werden neue geboren.
Wir alle wollen gut leben.

Es ist schwer zu glauben, aber ich vertraue darauf:
Dieses unübersichtliche Ganze ergibt S<small>INN</small>.

Ich vertraue darauf, dass es Menschen gegeben hat und gibt,
die gut und sinnvoll im großen Bezugsgewebe gewirkt haben:
bezogen auf G<small>OTT</small>, das G<small>UTE</small>, die L<small>EBENDIGE</small>.
Sie haben genährt, was sie nährt, täglich überraschend,
wie J<small>ESUS VON</small> N<small>AZARET</small>,
liebevoll, ordnend, schöpferisch,
genüsslich und aufmerksam,
bis in den Tod
und über den Tod hinaus in immer neues L<small>EBEN</small>.

Ich vertraue darauf, dass G<small>EISTKRAFT</small> zwischen uns weht,
H<small>EILIGE</small> G<small>EISTKRAFT</small>.
Zwischen allen sechseinhalb Milliarden Würdeträgerinnen
und Würdeträgern,
zwischen so vielen verschiedenen Leuten,
die mit mir zusammen und mit unzähligen anderen Lebewesen
die eine Erde bewohnen,
den einzigen Lebensraum, der uns geschenkt ist.
Ich vertraue darauf, dass H<small>EILIGE</small> G<small>EISTKRAFT</small> uns allen weiterhilft,
immer, wenn wir sie brauchen,
dass S<small>IE</small> weht, wo S<small>IE</small> will, und wo S<small>IE</small> nötig ist
zwischen uns und allen unseren VorfahrInnen und Nachkommen.

Amen

LITERATUR

ARENDT, Hannah, Vita Activa oder Vom tätigen Leben, München 1981 (orig. 1958)
ARENDT, Hannah, Zwischen Vergangenheit und Zukunft. Übungen im politischen Denken I, München 1994
ARISTOTELES, Über die Zeugung der Geschöpfe, Buch II, Paul Gohlke (Hg.), Paderborn 1981
ARISTOTELES, Politik, übersetzt und herausgegeben von Olof Gigon, München 1973
ARN, Christof, HausArbeitsEthik. Strukturelle Probleme und Handlungsmöglichkeiten rund um die Haus- und Familienarbeit in sozialethischer Perspektive, Chur/Zürich 2000
BAIL, Ulrike u. a. (Hgg.), Bibel in gerechter Sprache, Gütersloh 2006
BANDIXEN, Claudia/Pfeiffer, Silvia/Worbs, Frank (Hgg.), Wenn Frauen Kirchen leiten. Neuer Trend in den reformierten Kirchen der Schweiz, Zürich 2006
BARANZKE, Heike, Würde der Kreatur? Die Idee der Würde im Horizont der Bioethik, Würzburg 2002
BAUMAN, Zygmunt, Postmoderne Ethik, Hamburg 1995
BUTTING, Klara, Prophetinnen gefragt. Die Bedeutung der Prophetinnen im Kanon aus Tora und Prophetie, Knesebeck 2001
Christlicher Glaube und die Bilderfrage. Evangelische Theologie 2/2007
COAKLEY, Sarah, Macht und Unterwerfung. Spiritualität von Frauen zwischen Hingabe und Unterdrückung, Gütersloh 2007
DALY, Mary, Gyn/Ökologie. Eine Meta-Ethik des radikalen Feminismus, München, [4]1986

DIE GRÜNEN im Bundestag u. a. (Hgg.), Frauen gegen Gentechnik und Reproduktionstechnik. Dokumentation zum Kongress vom 19.–21.4.1985 in Bonn, Köln 1986

Die Religion in Geschichte und Gegenwart (RGG), Tübingen ³1986 (Studienausgabe) und Tübingen ⁴2000ff

DIOTIMA, Jenseits der Gleichheit. Über Macht und die weiblichen Wurzeln der Autorität, Königstein/Taunus 1999

EBACH, Jürgen, Elija. Ein biblisches Mannsbild, in: Marie-Theres Wacker u. a. (Hgg.) 2006, 65–92

EVANGELISCH-REFORMIERTES GESANGBUCH der deutschsprachigen Schweiz, Zürich 1998

FEHLE, Hans Jörg, Schluss mit den Opfern! In: Neue Wege 5/1999, 133

FELD, Gerburgis u. a. (Hgg.), Wie wir wurden, was wir sind. Gespräche mit feministischen Theologinnen der ersten Generation, Gütersloh 1998

FISCHER, Irmtraud, Gotteskünderinnen. Zu einer geschlechterfairen Deutung des Phänomens der Prophetie und der Prophetinnen in der Hebräischen Bibel, Stuttgart 2002

FISCHER, Johannes, Haben Affen Würde? www.ethik.uzh.ch/ise/downloads/publikationen/fischer/HabenAffenWuerde.pdf

FOX KELLER, Evelyn, Liebe, Macht und Erkenntnis. Männliche oder weibliche Wissenschaft?, München/Wien 1986

FÜHRER, Emma/Gauss, Martha, Mein Haus meine Welt. Handbuch des für die Frau Wissenswerten, 1. Teil: Hauswirtschaftskunde, Zürich 1911

GERL, Hanna-Barbara, »Geschenk der Natur und des Himmels«. Zur Mariologie der Renaissance, in: Elisabeth Gössmann, Dieter R. Bauer (Hgg.), Maria für alle Frauen oder über allen Frauen?, Freiburg/Basel/Wien 1989, 116–145

GILLIGAN, Carol, Die andere Stimme. Lebenskonflikte und Moral der Frau, München/Zürich 1984

GÖSSMANN, Elisabeth, Hildegard von Bingen: Göttliche Ermächtigung zum prophetischen Amt, in: Andrea Günter, Verena Wodtke-Werner (Hgg.), Frauen, Mystik, Politik in Europa. Beiträge aus Italien, Spanien und Deutschland, Königstein 2000, 73–88

GÖSSMANN, Elisabeth u. a. (Hgg.), Wörterbuch der Feministischen Theologie, Gütersloh 1. Aufl. 1991 und 2. vollständig überarbeitete und grundlegend erweiterte Auflage, Gütersloh 2002 (WFTh)

GÜNTER, Andrea, Die weibliche Hoffnung der Welt. Die Bedeutung des Geborenseins und der Sinn der Geschlechterdifferenz, Gütersloh 2000

HABERMAS, Jürgen, Glauben und Wissen, in: Friedenspreis des Deutschen Buchhandels 2001. Ansprachen aus Anlass der Verleihung, Frankfurt 2001, 37–56

HARDING, Sandra, Das Geschlecht des Wissens. Frauen denken die Wissenschaft neu, Frankfurt a. M./New York 1994

HERMAN, Eva, Das Eva-Prinzip. Für eine neue Weiblichkeit, München 2006

HEYWARD, Carter, Und sie rührte sein Kleid an. Eine feministische Theologie der Beziehung, Stuttgart 1986

JANSSEN, Claudia/Schottroff, Luise/Wehn, Beate (Hgg.), Paulus. Umstrittene Traditionen – lebendige Theologie. Eine feministische Lektüre, Gütersloh 2001

JAUCH, Ursula Pia, Immanuel Kant zur Geschlechterdifferenz. Aufklärerische Vorurteilskritik und bürgerliche Geschlechtsvormundschaft, Wien 1988

KANT, Immanuel, Werke in sechs Bänden, o. O. 2000

KASCHNITZ, Marie Luise, Ziemlich viel Mut in der Welt, Elisabeth Borchers (Hg.), Frankfurt a. M. 2002

KEEL, Othmar/Staubli, Thomas, »Im Schatten Deiner Flügel«. Tiere in der Bibel, Fribourg 2001

KEEL, Othmar, Wie männlich ist der Gott der Bibel? Überlegungen zu einer unerledigten Frage, in: Neue Zürcher Zeitung vom 30. Juni/1.Juli 2007, B4 (2007a)

KEEL, Othmar, L'Eternel feminine. Une face cachée du Dieu biblique, Fribourg 2007 (2007b)

KOHLER-WEISS, Christiane, Schutz der Menschwerdung. Schwangerschaft und Schwangerschaftskonflikt als Themen evangelischer Ethik, Gütersloh 2003

LINDGREN, Astrid, Steine auf dem Küchenbord, Gedanken, Erinnerungen, Einfälle, Hamburg 2000

LUTHER, Martin, Von den guten Werken (1520), in: Karin Bornkamm, Gerhard Ebeling (Hgg.), Martin Luther, Ausgewählte Schriften Bd. 1, Frankfurt a. M. ²1983, 38–149

LÜTKEHAUS, Ludger, Natalität. Philosophie der Geburt, Zug und Kusterdingen 2006

MARX, Karl/Engels, Friedrich, Manifest der kommunistischen Partei (1872), Peking 1973

MOOSBACH, Carola, Lobet die Eine. Schweige- und Schreigebete, Mainz 2000

MURARO, Luisa, Die symbolische Ordnung der Mutter, Frankfurt a. M./ New York 1993

PLATON, Der Staat, übersetzt von Friedrich Schleiermacher, München o. J.

PRAETORIUS, Ina, Ethik – die neue Hoffnung, in: Claudia Roth (Hg.), Genzeit. Die Industrialisierung von Pflanze, Tier und Mensch. Ermittlungen in der Schweiz, Zürich 1987, 153–167

PRAETORIUS, Ina, Anthropologie und Frauenbild in der deutschsprachigen protestantischen Ethik seit 1949, Gütersloh, ²1994

PRAETORIUS, Ina, Skizzen zur Feministischen Ethik, Mainz 1995

PRAETORIUS, Ina, Zum Ende des Patriarchats. Theologisch-politische Texte im Übergang, Mainz 2000

PRAETORIUS, Ina, Die Welt: ein Haushalt. Texte zur theologisch-politischen Neuorientierung, Mainz 2002

PRAETORIUS, Ina, Von Gott sprechen. Als Frau. Nach der Aufklärung, in: Charlotte Methuen u. a. (Hgg.), Heilige Texte: Autorität und Sprache, Jahrbuch 12/2004 der Europäischen Gesellschaft für theologische Forschung von Frauen, Leuven 2004, 77–90

PRAETORIUS, Ina, Handeln aus der Fülle. Postpatriarchale Ethik in biblischer Tradition, Gütersloh 2005 (2005a)

PRAETORIUS, Ina, Art. Wirtschaftsethik A, in: Peter Eicher (Hg.), Neues Handbuch theologischer Grundbegriffe, München 2005 (2005b)

PRAETORIUS, Ina (Hg.), Sich in Beziehung setzen. Zur Weltsicht der Freiheit in Bezogenheit, Königstein/Taunus 2005

RATZINGER, Joseph, Glaube, Vernunft und Universität. Erinnerungen und Reflexionen (Die Rede des Papstes in Regensburg vom 12. September 2006) http://www.sueddeutsche.de/muenchen/ artikel/855/85770/

ROLL, Susan, Towards the Origins of Christmas, Kampen/NL 1995

SANER, Hans, Die politische Bedeutung der Natalität bei Hannah Arendt, in: Campus Muristalden Momente, Bern 2007, 5–22

SCHRUPP, Antje, Methusalems Mütter. Chancen des demographischen Wandels, Königstein/Taunus 2007

SCHÜNGEL-STRAUMANN, Helen, Alttestamentliche Weisheitstexte als marianische Liturgie. Sprüche 8 und Jesus Sirach 24 in den Lesungen an Marienfesten, in: Elisabeth Gössmann, Dieter R. Bauer (Hgg.) 1989, 12–35

SHELBY-SPONG, John, Was sich im Christentum ändern muss. Ein Bischof nimmt Stellung, Düsseldorf 2004

SINGER, Wolf, Ein neues Menschenbild? Gespräche über Hirnforschung, Frankfurt a. M. 2003

SÖLLE, Dorothee/Schottroff, Luise, Jesus von Nazaret, München 2000

STRACK, Hanna, Die Frau ist Mit-Schöpferin. Eine Theologie der Geburt, Rüsselsheim 2006

STRAHM, Doris/Strobel, Regula (Hgg.), Vom Verlangen nach Heilwerden. Christologie in feministisch-theologischer Sicht, Fribourg/Luzern 1991

Theologische Realenzyklopädie (TRE), Gerhard Müller u. a. (Hgg.), Berlin seit 1977

THIELICKE, Helmut, Theologische Ethik Bd. 3, Tübingen 1964

TROELTSCH, Ernst, Die Bedeutung des Protestantismus für die Entstehung der modernen Welt, in: Friedrich Wilhelm Graf u. a. (Hgg.), Ernst Troeltsch, Kritische Gesamtausgabe Bd. 8, Berlin/New York 2001, 183–316

WACKER, Marie-Theres/Rieger-Goertz, Stefanie (Hgg.), Mannsbilder. Kritische Männerforschung und theologische Frauenforschung im Gespräch, Berlin 2006

WILCKENS, Ulrich, Theologisches Gutachten zur »Bibel in gerechter Sprache«, in: Elisabeth Gössmann u. a. (Hgg.), Der Teufel blieb männlich. Kritische Diskussion zur »Bibel in gerechter Sprache«. Feministische, historische und systematische Beiträge, Neukirchen-Vluyn 2007, 153–179.

WHITE, Edmund, Gebrauchsanweisung für Paris, München 2003

WOOLF, Virginia, Drei Guineen (1938), München ^{3}1983

~~Patriarchat~~ – Neue Formen

Ina Praetorius
Zum Ende des Patriarchats
Theologisch-politische Texte im Übergang

Format 14,5 x 22,5
160 Seiten
Paperback
ISBN 978-3-7867-2230-4

Das Patriarchat geht zu Ende. Hinter der Aufgeblasenheit seiner Institutionen – Kapitalismus, Vatikan, Armeen usw. – verbergen sich Schwäche und Niedergang. Was aber kommt dann? Ina Praetorius schreitet mit ihren provozierenden, aber auch Lust machenden Texten einen weiten Horizont ab: Die Würde der Kreatur, ein anderes Wirtschaften, die kritische Auseinandersetzung mit der Gentechnik – das sind nur einige der Themen, anhand derer sie kreative, lebensbejahende Formen des Handelns aufzeigt. Und sie führt uns zu den Quellen, aus denen sich ein neuer, solidarischer Umgang miteinander und mit der außermenschlichen Kreatur speist.

GRÜNEWALD

www.gruenewaldverlag.de
vertrieb@gruenewaldverlag.de
Fax 07 11 / 44 06-177